Du même auteur, aux éditions Leduc.s

Mes petites recettes magiques à moins de 300 calories, 2012.
L'œuf malin, 2012.
Mes petits apéros dînatoires magiques, avec Xavier Kreutzer, 2012.
L'ortie, c'est malin, 2011.
Les épices, c'est malin, 2011.
Le savon malin, 2011.
L'ail malin, 2011.
Mes petites recettes magiques à la plancha, 2011.
La levure de bière, c'est malin, 2011.
L'argile, c'est malin, 2011.
Le sel malin, 2010.
Le chlorure de magnésium malin, 2010.
Mes petites papillotes magiques, 2010.
Le raisin malin, 2010.
Les 30 ingrédients de la cuisine bio, 2010.
Le miel malin, 2010.
100 réflexes mariage bio et durable, 2010.
Yaourts inratables, 2010.
Le pamplemousse malin, 2009.
100 réflexes bébé bio (en collaboration avec Elisa de Castro Guerra), 2008.

Retrouvez nos prochaines parutions, les ouvrages du catalogue et les événements à ne pas rater sur notre site Internet. Vous pourrez également lire des extraits de tous nos livres, recevoir notre lettre d'information et acheter directement les livres qui vous intéressent, en papier et en numérique !
À bientôt sur www.editionsleduc.com

Illustrations : Fotolia
Maquette : Facompo

© 2010 LEDUC.S Éditions
Troisième impression (septembre 2012)
17, rue du Regard
75006 Paris – France
E-mail : info@editionsleduc.com
ISBN : 978-2-84899-391-1

ALIX LEFIEF-DELCOURT

SOUPES
BRÛLE-GRAISSES

Sommaire

Introduction	7
Partie 1 – La soupe, mon alliée minceur	**9**
Les 8 atouts minceur de la soupe	11
Le programme « Soupes brûle-graisses » : la méthode	19
Jour 1 à 8 : phase 1 (ou phase d'attaque)	29
Jour 8 à 14 : phase 2 (ou phase de stabilisation)	35
L'après-régime	41
Partie 2 – Les ingrédients	**43**
Les légumes	45
Les autres ingrédients	67

Partie 3 – 100 recettes de soupes   **73**

     Les soupes d'été   77

     Les soupes d'hiver   139

     Les bouillons   197

Annexe   **201**

Table des matières   **205**

Introduction

De nombreux régimes vous promettent une perte de poids rapide. Certains d'entre eux tiennent leurs promesses – et même plutôt bien. Mais à quel prix ? La plupart des diètes vous font perdre plus de muscles que de graisses, sans compter les carences en fibres et en vitamines ainsi que le sentiment de faim et de frustration. Et puis gare à l'atterrissage ! Après cette période « maigre », l'organisme a souvent tendance à se venger et à reprendre rapidement tous les kilos perdus, voire quelques-uns supplémentaires. Au final, encore un régime pour rien !

Et si vous changiez d'approche ? Grâce à cette méthode, basée sur la consommation d'une soupe par jour au sein d'un repas équilibré, vous allez enfin effacer ces petits bourrelets que vous croyiez impossibles à déloger. Pas question de perdre, en 15 jours, 10 kilos… de muscles ! Il s'agit d'abord de cibler vos réserves graisseuses, et de retrouver une silhouette plus fine et plus tonique. Le tout sans faim, sans fatigue ni frustrations puisque le programme est basé sur la consommation de légumes ET de protéines, indispensables à l'entretien de votre capital musculaire. Idéal l'été pour retrouver la ligne avant le maillot, l'hiver après les excès des fêtes… ou à n'importe quel moment de l'année !

Pas question non plus, après cette phase de 15 jours, de vous lâcher dans la nature : le programme prévoit des journées « Rattrapage » en cas d'excès mais, surtout, il vous apprend, en quelques jours, à retrouver de bonnes habitudes alimentaires que vous allez conserver à vie ! Été comme hiver, vous allez retrouver le goût des bonnes soupes maison, pleines de saveurs, et pauvres en calories.

Partie 1

La soupe,
mon alliée minceur

La soupe, ça fait grandir, nous disaient nos parents quand on était petits. Mais la soupe, ça peut aussi faire mincir si on la prépare bien et si on l'intègre dans un programme bien équilibré. Et ce de manière efficace, sans frustrations et surtout sans carences. Que demander de plus ?

Les 8 atouts minceur de la soupe

1. La soupe = le cocktail minceur parfait

La soupe est composée principalement d'eau et de légumes, sources de fibres, de minéraux et de vitamines. Ces quatre éléments – eau, fibres, minéraux, vitamines – sont indispensables à la santé de l'organisme. Pas question de faire l'impasse dessus même quand on cherche à mincir ! Or, c'est trop souvent le cas avec de nombreuses méthodes dites « miracles » qui mettent par exemple en vedette les protéines, au détriment des fibres et des vitamines.

2. Le pouvoir coupe-faim des légumes

Manger des fruits et des légumes, ça aide à garder la ligne. Cette affirmation sonne comme une évidence. Forcément, se dit-on, puisqu'ils sont pauvres en graisses et en calories. Mais pas seulement !

♀ La preuve scientifique !

Des chercheurs brésiliens[*] ont réparti 80 personnes en surpoids en deux groupes. Au premier groupe, ils ont simplement demandé de manger plus de fruits et légumes, sans rien changer à leur apport calorique total ou à leur quantité d'activité physique. Au second, ils n'ont pas donné de consigne particulière. Résultat : au bout de 6 mois, les personnes du premier groupe avaient perdu du poids. Les chercheurs ont ainsi montré qu'une augmentation de la consommation de légumes de 100 g par jour implique, au terme des 6 mois, une perte de poids de 500 g (300 g pour les fruits). Un effet cumulable : 200 g de légumes en plus = 2 x 500 g de perdu !

Conclusion : le simple ajout de fruits et légumes à son régime alimentaire habituel (sans restriction complémentaire) permet de perdre du poids ! Comment ces chercheurs expliquent-ils ces résultats ? Tout simplement en mettant en avant le pouvoir satiétogène des fibres contenues dans les légumes. En clair, les légumes augmentent la sensation de satiété. Mais les auteurs

---

[*] Daniela Saes Sartorelli, Laércio Joel Franco, Marly Augusto Cardoso, "High Intake of Fruits and Vegetable Predicts Weight Loss in Brazilian Overweight Adults", *Nutrition Research* 2008, Issue 28, pages 233-238.

de l'étude reconnaissent que d'autres facteurs pourraient également entrer en ligne de compte. Affaire à suivre donc !

3. Main basse sur les calories

Un bol de 250 ml de soupe apporte en moyenne une centaine de calories… à condition évidemment de ne pas y ajouter de la crème, du fromage râpé, du beurre, des croûtons ou des pâtes, qui font grimper la facture calorique. C'est très peu ! Mais ce n'est pas tout : non seulement une soupe apporte peu de calories mais en plus, consommée en début de repas, elle aide à en consommer moins ensuite. On en revient au pouvoir satiétogène des légumes, et plus précisément de la soupe. C'est ce qu'a démontré Barbara Rolls, chercheur au département des sciences de la nutrition de l'université de l'État de Pennsylvanie, dans une série d'études.

♀ La preuve scientifique !

Des volontaires ont été séparés en deux groupes. Le premier avait droit, en début de repas, à une soupe « basses calories », composée de légumes et de bouillon de volaille. Le second, lui, devait se contenter du même repas sans soupe. Résultat : les cobayes du groupe 1 ont consommé 20 % de calories en moins par rapport à ceux du groupe 2.

4. Son secret : sa faible densité calorique

L'étude qui précède montre que la soupe, prise en début de repas, est excellente quand on veut réduire sa facture calorique, car elle permet d'être rassasié plus vite. Grâce à elle, fini les repas trop copieux, les petits creux et les grignotages intempestifs ! Mais quel est donc le secret de la soupe ? Il réside dans sa densité calorique faible.

DENSITÉ CALORIQUE = quantité de calories par gramme d'aliment = kcal/g

Pour la calculer, c'est simple, il suffit de diviser, pour chaque aliment, le nombre de calories aux 100 g par 100.

Quelques exemples de densité calorique :

Aliment	Densité calorique ou kcal/g
Concombre	0,10
Soupe	0,52
Yaourt nature	0,55
Pâtes (cuites) nature	0,90
Lasagne	1,9
Croissant	3,7
Cookies	4,64
Cacahuètes	6

Explications :

- Les aliments à faible densité calorique fournissent moins d'énergie par gramme de nourriture. Ils peuvent ainsi être **consommés en plus grande quantité sans apporter trop de calories**. Au final, pour un même nombre de calories (voire moins), ils rassasient mieux et plus longtemps.

- L'exemple inverse le plus parlant est celui des chips, des cacahuètes, des biscuits ou du chocolat, qui sont typiquement **des aliments à haute densité calorique**. En les grignotant rapidement, non seulement on absorbe beaucoup de calories, mais notre système de contrôle de la satiété est trompé. Résultat : on se gave… et on a toujours faim après !

- **L'eau est l'ingrédient clé de la densité calorique.** Pas celle que l'on boit, mais celle qui est contenue dans les aliments que l'on ingère, en particulier les fruits et les légumes. Et surtout celle que l'on a ajoutée en grande quantité dans les aliments, comme dans le cas des soupes. En effet, **l'eau ajoute du poids et du volume aux aliments sans leur apporter de calories : elle diminue donc leur densité calorique.**

5. Sirotez, éliminez !

Une soupe est composée à environ 85 % d'eau (eau issue des légumes + eau ajoutée). C'est mathématique : en mangeant de la soupe, vous allez absorber plus d'eau… et donc éliminer davantage ! Ça aussi c'est bon pour votre ligne.

6. Le secret de la forme

Avec la soupe, vous faites votre plein quotidien de fruits et légumes. Plus la peine de vous demander comment respecter la fameuse règle des « 5 fruits et légumes par jour » établie par le PNNS (Programme national nutrition santé) ! Vous remplissez le contrat haut la main… sans même vous en rendre compte. Autres avantages :

• Vous variez les légumes, et vous consommez même ceux vous n'auriez jamais eu l'idée de manger tels quels, comme le chou ou le navet, qui pourtant regorgent d'atouts nutritionnels.

• Vous profitez de la totalité des vitamines et minéraux contenus dans les légumes, puisque, avec la soupe, vous consommez l'eau de cuisson… où s'est concentrée une grande part des vitamines et minéraux.

Au final, grâce à la soupe, impossible d'être carencé en vitamines et en minéraux. Vous avez la forme et la gardez ! Un atout indispensable pour avoir la pêche aussi dans la tête, conserver sa motivation et ne pas perdre de vue ses objectifs minceur.

7. Se régaler sans se lasser !

Le principal problème des régimes est leur monotonie. On se lasse rapidement de manger cet éternel filet de poisson blanc accompagné de ces incontournables légumes vapeur. Avec ce programme soupes, vous n'allez pas vous ennuyer ! La preuve : jetez un coup d'œil aux 100 recettes proposées dans ce guide : il y en a vraiment pour tous les goûts.

4 astuces pour varier les plaisirs

1. *Ne préparez pas votre soupe en trop grande quantité.* Cela vous évitera de devoir manger la même soupe midi et soir pendant 3 jours !

2. *Pensez à varier les textures de votre soupe maison,* en rajoutant plus ou moins de jus de cuisson, en la mixant plus ou moins longuement… Pour « casser » le côté liquide, vous pouvez aussi réserver quelques dés de légumes avant le mixage, puis les ajouter dans les bols au moment de servir.

3. *Alternez les types de soupes d'un repas à l'autre :* velouté bien lisse le midi puis bouillon avec légumes non mixés le soir, soupe froide puis soupe chaude, etc. Vous n'aurez pas ainsi l'impression de « manger toujours la même chose ».

4. *Misez sur la présentation.* Évitez de présenter votre soupe maison dans votre sempiternel vieux bol ébréché : pensez aux assiettes creuses ou aux verrines, achetez-vous de jolis bols… Se régaler, ça passe aussi par le regard !

8. Version régime ou famille

Comment réussir à préparer ses plats minceur quand il faut penser aussi au repas de son mari et de ses enfants ? Avec la méthode que nous vous proposons, oubliez ce problème : vous préparez la soupe pour toute la famille, en deux versions.

Version régime : la recette de base, avec beaucoup de légumes, peu de calories et de matières grasses.

Version famille : avant de servir, vous ajoutez dans le bol de votre mari* et de vos enfants la petite touche gourmandise : crème fraîche, fromage frais, râpé ou fondu, dés de jambon cru, mouillettes de pain grillé, pâtes…

L'avantage est double :

1. Vous ne craquez pas puisque toute la famille mange la même chose. Pensez juste à ne pas laisser le pot de crème fraîche sur la table, juste sous vos yeux…

2. Votre mari et vos enfants se régalent avec leur soupe version « famille » tout en faisant le plein de bons légumes. Que demander de plus ?

---

* *À noter :* votre mari a aussi le droit de préférer la version régime s'il a envie de perdre ses poignées d'amour !

Le programme
« Soupes brûle-graisses » :
la méthode

Les légumes brûle-graisses existent-ils ?

Imaginez un légume qui aurait le pouvoir de traquer tout le gras que vous consommez et de l'éliminer en deux temps trois mouvements. Il suffirait d'en manger un peu chaque jour pour pouvoir s'accorder tous les excès sans aucune culpabilité et surtout sans aucune conséquence sur la ligne... Arrêtez de rêver car ce légume n'existe pas ! Aucun aliment ne peut, seul et en tant que tel, brûler toutes vos réserves adipeuses.

En revanche, en privilégiant certains légumes, vous allez empêcher les graisses de s'installer dans vos capitons. En ce sens, on peut parler des vertus brûle-graisses de la soupe. Non seulement les légumes qui la composent ont un taux de graisses quasiment nul, mais certains ont des propriétés magiques, et tous agissent en synergie pour aider à la perte graisseuse.

- Les légumes riches en vitamines B et C (chou, céleri, poivron, asperge…) ont la faculté de diminuer la mise en réserve des graisses. Plus précisément, outre ses vertus coupe-faim, la vitamine C intervient dans la fabrication de la noradrénaline, une substance empêchant cette mise en réserve.

- D'autres, comme l'aubergine, ont la capacité de piéger les graisses, et de les éliminer naturellement. De manière générale, les légumes ont tous un effet « piégeur de graisses » grâce aux fibres solubles qui les composent. En plus de leur effet coupe-faim prouvé scientifiquement, ces fibres peuvent, en quelque sorte, emprisonner les lipides avant qu'ils ne soient assimilés – et donc stockés – par l'organisme.

- D'autres encore agissent sur la rétention d'eau, font baisser le taux de cholestérol…

Résultat : en les combinant dans une soupe, on profite des bienfaits de chacun d'entre eux ! Pour un portrait minceur détaillé de chaque légume, rendez-vous p. 49.

Les objectifs du programme

Comme son nom l'indique, l'objectif premier de ce programme brûle-graisses est de traquer les graisses, voire de les déstocker, afin de retrouver la ligne. Comment ?

1. En privilégiant les aliments qui font « éliminer », et des aliments riches en fibres, qui limitent l'absorption des graisses.

2. En limitant l'apport en mauvaises graisses, qu'elles soient visibles (beurre, huile, crème…) ou cachées (charcuteries, viennoiseries, plats tout prêts…).

3. En ne zappant pas les protéines, qui aident à déstocker les graisses et à ne pas perdre de muscle.

En pratique :

• *Objectif n° 1 :* traquer les graisses, les déstocker ; l'objectif est rempli par la soupe.

• *Objectif n° 2 :* l'idée n'est pas de supprimer toutes les graisses, mais d'éviter les « mauvaises » contenues dans les produits tout prêts, les fritures, les crèmes glacées, les viennoiseries, le beurre, les huiles de tournesol ou de palme… En effet, les « bonnes » graisses sont indispensables au fonctionnement de l'organisme. Des études ont même démontré qu'il est plus facile de maigrir en en absorbant un petit peu plutôt qu'en les supprimant totalement. Les « bonnes graisses » : huiles d'olive et de colza, poissons gras, noix, noisettes, amandes…

• *Objectif n° 3 :* si la soupe est au cœur de ce régime, pas question pour autant de ne manger que cela ! Les protéines sont indispensables pour entretenir votre masse musculaire ! Évidemment, on privilégiera les aliments maigres : viandes blanches, poissons, blanc d'œuf, protéines végétales…

Le régime « Soupe au chou », une méthode miracle ?

Ces dernières années, une méthode basée sur une soupe miracle a fait son apparition dans le grand catalogue des régimes farfelus. *Le principe :* pendant une semaine, on mange à volonté une soupe composée de divers légumes frais (poireau, chou, céleri, poivron, aubergine, asperge, tomate…) et quasiment rien d'autre, mis à part quelques légumes et fruits, et de la viande à partir du 5e jour. Certes, les résultats sont là, car ce régime apporte très peu de calories – on peut ainsi perdre jusqu'à 7 kg en 1 semaine – mais à quel prix ? L'absence de protéines fait perdre la masse musculaire, qui sera remplacée par de la graisse dès la reprise d'une alimentation normale. Ajoutez à cela les carences dues à l'absence de protéines et de bons gras, la monotonie d'un régime qui vous oblige à manger de la soupe dès le petit déjeuner… et vous ressortez de cette semaine complètement lessivé !

La bonne idée ? En soi, la recette de cette soupe au chou n'est pas mauvaise, puisqu'elle est composée uniquement de légumes. Mais pas question de la consommer seule ! Intégrez-la dans notre programme : elle sera plus efficace, et surtout, vous éviterez tous les effets pervers de la méthode.

Les 3 grands principes de base

1. Une soupe midi et soir

On débute chaque repas avec une soupe, à savourer lentement pour augmenter le sentiment de satiété. Ainsi, on fait le plein de vitamines et, surtout, on mange moins ensuite.

2. On complète avec des protéines

Le principe de ce régime est de perdre du poids… mais pas des muscles ! C'est pourquoi il est indispensable d'associer à la soupe des protéines. Mais attention, pas question d'engloutir un steak : il faut privilégier les aliments (viandes, poissons, laitages…) les plus maigres.

LA BONNE DOSE = 1 g de protéines par jour et par kilo

Exemple : si vous pesez 60 kg, vous aurez besoin de 60 g de protéines par jour.

Soit, par exemple : 150 g filet de dinde + 100 g de tofu + 1 yaourt nature.

	Quantité de protéines pour 100 g d'aliment
Filet de dinde	27 g
Crevettes	24 g
Filet de poulet	21 g
Jambon blanc	21 g
Loup de mer	20 g
Cabillaud	18 g
Merlu	17 g
Tofu	14 g
Fromage blanc maigre	8 g

→

SOUPES BRÛLE-GRAISSES

	Quantité de protéines pour 100 g d'aliment
Yaourt nature	6 g
Œuf (blanc)*	5 g

* Quantité de protéines pour 1 blanc d'œuf. Dans le cadre de ce programme, on privilégiera le blanc au jaune, bourré de lipides. Le blanc d'œuf, lui, est composé de 100 % de protéines.

Et les laitages ? Ce programme autorise la consommation de laitages maigres : yaourt nature, fromage blanc à 0 % de matières grasses. Ils apportent une bonne dose de protéines, bien utile pour compléter ses apports quotidiens, le tout avec peu de matières grasses et de calories. Mais attention, en aucun cas, ils ne peuvent remplacer un filet de poisson ou un blanc de poulet. En effet, ils ne contiennent pas, contrairement au poisson ou à la viande, les huit acides aminés essentiels au bon fonctionnement de l'organisme.

3. Vive le sport !

Pour accompagner – et surtout renforcer – votre programme brûle-graisses, le sport est indispensable. Ce n'est pas un scoop ! Rassurez-vous, on ne vous demandera pas de courir un marathon si vous n'avez jamais enfilé une paire de baskets de votre vie, mais de programmer quelques séances d'exercices hebdomadaires et, surtout, de prendre la bonne habitude de bouger au quotidien. Notre conseil : allez-y par étapes !

Effort Niveau 1

Ce n'est pas vraiment du sport mais juste des bons réflexes à prendre. Bref, un minimum à faire au quotidien !

- Oubliez l'ascenseur… et prenez les escaliers.

- Si vous allez au travail en transports en commun, prenez l'habitude de descendre une station avant, afin de finir le trajet à pied.

- Rentrez le ventre et serrez les abdos en passant l'aspirateur, en lavant les carreaux ou en faisant la vaisselle : c'est excellent pour se muscler !

Effort Niveau 2

Là, vous vous engagez un peu plus dans l'effort, sans toutefois changer radicalement votre profil de sportif… du dimanche !

- Laissez la voiture au garage et prenez votre vélo ou marchez (si la distance le permet).

- Chaque soir, prenez l'habitude de faire une séance d'abdos : 2 séries de 20 pour commencer, et augmentez progressivement la cadence.

- Pourquoi ne pas faire un peu de stepper ou de vélo d'appartement ?

  La bonne durée : 30 minutes minimum, car l'organisme commence à puiser dans les réserves de graisses à partir de ce seuil.

  Le bon rythme : tous les jours si possible. C'est plus efficace de se bouger un peu tous les jours, que de faire 3 heures de sport d'une traite une fois par mois !

Effort Niveau 3

Vous franchissez une étape : vous pouvez dire que vous êtes sportif !

- Choisissez un sport accessible, même pour les débutants : natation, vélo, jogging… à pratiquer au moins 2 fois par semaine pour de vrais résultats.

- Pour les sportifs aguerris : misez sur les sports qui ont un vrai effet brûle-graisses – tennis, VTT, jogging (intensif), ski de fond, foot…

Une cure de 15 jours

Deux grandes phases

La méthode s'organise sur une période de 15 jours, soit 2 semaines complètes. Elle se divise en deux phases :

→ La phase d'attaque – Jours 1 à 8

Vous enclenchez la perte de graisses en donnant un signal fort à l'organisme : priorité aux légumes et aux protéines, (bonnes) graisses réduites au minimum, pas de légumineuses ni de céréales.

→ La phase de stabilisation – Jours 9 à 15

Après avoir enclenché la perte de graisses, il faut la poursuivre tout en réhabituant progressivement l'organisme aux aliments interdits pendant la phase 1. Essentiel pour préparer la « sortie de régime ».

Quand faire cette « cure » ?

L'avantage de cette méthode est qu'elle peut être mise en pratique à n'importe quel moment de l'année.

AU PRINTEMPS. On la fait pour déloger les kilos accumulés pendant l'hiver, et se préparer à l'été… et au maillot. De plus, on profite des premiers légumes nouveaux : un régal !

EN ÉTÉ. Elle permet de garder la ligne, et de s'afficher sur la plage sans complexe. Vive les gaspachos et les soupes froides, pleines de vitamines et très rafraîchissantes !

EN AUTOMNE OU EN HIVER. Quand il commence à faire froid, on se rue naturellement sur les soupes. Car rien de tel pour se réchauffer ! Pourquoi ne pas en profiter, aussi, pour perdre quelques kilos en suivant cette méthode ?

AVANT LES FÊTES. C'est idéal pour détoxifier son organisme, et pouvoir se régaler sans (trop) culpabiliser !

APRÈS LES FÊTES. Une méthode parfaite pour éliminer les graisses accumulées lors des repas copieux. La méthode soupes permet non seulement d'éliminer ces excès, mais aussi de combler ses carences en vitamines et minéraux, afin de retrouver toute son énergie… et commencer l'année en beauté !

Une bonne habitude à conserver

Cette méthode est proposée sous forme d'une cure de 15 jours : c'est ainsi qu'elle est la plus efficace et la plus « facile » à suivre. Mais rien ne vous empêche de la mettre en pratique de manière ponctuelle, sur une journée, ou même sur un seul repas, une ou plusieurs fois par semaine.

LE DÎNER « MÉTHODE SOUPE ». Après votre cure de 15 jours, mettez toutes les chances de votre côté pour ne pas reprendre vos kilos. La solution : prendre l'habitude de faire 2 ou 3 dîners « méthode soupe » par semaine. Été comme hiver, rien de plus simple : choisissez une recette parmi les 100 proposées dans la suite de cet ouvrage, complétez par un peu de protéines maigres (jambon blanc, poisson…), un yaourt et un fruit. Voilà un dîner light mais qui vous rassasiera parfaitement !

LA JOURNÉE « RATTRAPAGE ». Vous avez repris une alimentation normale mais vous pensez avoir fait quelques excès ces derniers jours ? À vous la journée « Rattrapage » ! Le principe : suivez une journée type de la phase 1 (voir p. 30), et renouvelez si nécessaire le lendemain.

LE DÉJ DE BUREAU. Le midi, vous déjeunez le plus souvent à l'extérieur, car vous n'avez pas de cantine au bureau. Résultat : pour des raisons de temps (et d'argent), cela finit souvent par un sandwich ou, pire, une formule sandwich + pâtisserie. Une catastrophe pour la ligne ! Pour rattraper ces excès, adoptez le déjeuner « méthode soupe » une journée sur deux par exemple : 1 soupe + 1 tranche de jambon blanc + 1 assiette de légumes crus ou cuits + 1 laitage maigre + 1 fruit. Aujourd'hui, les bars à soupe se multiplient dans les villes : profitez-en (en faisant attention toutefois à ne pas choisir des soupes bourrées de crème fraîche ou de fromage). Si vous avez à disposition sur place un réfrigérateur et un four à micro-ondes, vous pouvez également préparer votre soupe à la maison, et l'emporter avec vous le matin.

Jour 1 à 8 : phase 1 (ou phase d'attaque)

Le principe

Le but de cette première semaine est d'enclencher la perte de graisses en donnant un signal fort à l'organisme : la soupe est au cœur du déjeuner et du dîner, complétée par des protéines maigres, des légumes et des fruits. L'apport en acides gras est limité au minimum nécessaire à l'organisme.

À retenir : pendant la 1re phase de ce régime, vous allez consommer…

→ 2 bols de soupe Phase 1 : 1 le matin + 1 le soir

SOUPES BRÛLE-GRAISSES

→ des protéines maigres (viandes, poissons, laitages…)

→ de bons acides gras (amandes, huile d'olive…)

→ des légumes et des fruits

→ du thé vert (pour favoriser l'évacuation des graisses et drainer)

*À **noter** :* céréales, légumineuses et féculents sont totalement exclus pendant cette première phase, car trop riches en glucides et en calories malgré leurs atouts nutritionnels. Ils seront réintroduits en phase 2.

La journée type

Le petit déjeuner

✓ 1 grand bol de thé vert
sans sucre ou avec 1 cuillère à café d'édulcorant

✓ + 1 fruit frais
au choix, selon la saison : ½ pomélo, 1 orange, 1 pomme, 1 kiwi, 2 clémentines, 2 abricots, ¼ ananas, 1 mangue, 1 bol de fraises ou de fruits rouges…

✓ + 100 g de fromage blanc à 0 % OU 1 yaourt nature
sans sucre ou avec 1 cuillère à café d'édulcorant

✓ + 3 amandes OU 3 noix OU 3 noisettes

JOUR 1 À 8 : PHASE 1 (OU PHASE D'ATTAQUE)

À 11 heures

✓ 1 tasse de thé vert
sans sucre ou avec 1 cuillère à café d'édulcorant

Le déjeuner

✓ **1 portion de soupe Phase 1**

✓ + 1 portion de protéines
au choix : 100 g de blanc de dinde/poulet OU 120 g
de poisson blanc OU 100 g de jambon blanc

✓ + 1 petite assiette de légumes (crus ou cuits à la
vapeur)
au choix, selon la saison : brocoli, chou-fleur, haricots verts, tomate, carotte, concombre, aubergine,
poivron, céleri, endive…

✓ + 1 cuillère à café d'huile d'olive
pour la cuisson de la viande, du poisson ou des
légumes.

✓ + 1 fruit frais
au choix, selon la saison : ½ pomélo, 1 orange,
1 pomme, 1 kiwi, 2 clémentines, 2 abricots,
¼ ananas, 1 mangue, 1 bol de fraises ou de fruits
rouges…

À 16 heures

✓ 1 yaourt nature
sans sucre ou avec 1 cuillère à café d'édulcorant

✓ + 1 thé vert
sans sucre ou avec 1 cuillère à café d'édulcorant

Le dîner

✓ **1 portion de soupe Phase 1**

✓ + 1 portion de protéines
au choix : 100 g de jambon blanc OU 3 blancs
d'œufs battus avec 1 jaune OU 150 g de tofu

✓ + 1 petite assiette de légumes (crus ou cuits à la
vapeur)
au choix, selon la saison : brocoli, chou-fleur, haricots verts, tomate, carotte, concombre, aubergine,
poivron, céleri, endive…

✓ + 1 cuillère à café d'huile d'olive
pour la cuisson de la viande, du poisson ou des
légumes.

✓ + 100 g fromage blanc à 0 % OU 1 yaourt nature
sans sucre ou avec 1 cuillère à café d'édulcorant.

⭐ **Les conseils en +**

• On n'oublie pas…

… de boire (de l'eau !) : au moins 1,5 litre par jour, de
préférence entre les repas.

… de miser sur les herbes et les aromates pour donner du
goût aux légumes, à la viande, au poisson ou aux œufs :
persil, ciboulette, basilic, origan, ail, oignon…

… d'alterner les protéines : viande le midi/poisson le
soir ; poisson le midi/jambon le soir ; viande le midi/
œufs le soir ; poisson le midi/tofu le soir…   →

JOUR 1 À 8 : PHASE 1 (OU PHASE D'ATTAQUE)

- On s'autorise...

  ... 1 cuillère à café d'huile d'olive le midi et le soir : pour la cuisson de la viande ou du poisson, ou l'assaisonnement des légumes.

- On peut remplacer...

  ... le thé vert par une infusion drainante (ex. : queues de cerise) ou 1 bol de bouillon de légumes (s'il vous reste du jus de cuisson de votre soupe).

  ... le thé vert du matin par du café si, au pire, vous ne pouvez vivre sans ! Essayez toutefois, lors des collations, de prendre 1 thé vert ou 1 infusion drainante.

- On ne zappe pas...
  ... le sport ! Voir p. 24.

À noter : *ces conseils sont valables pour la phase 1 et la phase 2.*

Jour 8 à 14 : phase 2 (ou phase de stabilisation)

Le principe

La perte de graisses est enclenchée, il faut maintenant continuer vos efforts, tout en réhabituant progressivement l'organisme aux autres aliments et ainsi assurer la reprise d'une alimentation normale.

À retenir : pendant la 2e phase de ce régime, vous allez continuer à consommer…

→ 2 bols de soupe : 1 le matin + 1 le soir.

La nouveauté : vous pourrez choisir une soupe Phase 1 ou une soupe Phase 2.

SOUPES BRÛLE-GRAISSES

Si vous optez pour la soupe Phase 1, vous pourrez l'associer à une portion de céréales ou de légumineuses. La soupe Phase 2, plus riche, contient déjà des céréales ou des légumineuses.

→ des protéines

La nouveauté : on réintroduit les poissons gras (saumon, thon…) et la viande rouge (maigre).

→ des bons acides gras

La nouveauté : le matin, une noisette de beurre est autorisée.

→ des légumes et des fruits

→ du thé vert

Les autres nouveautés de la phase 2 :

→ On réintroduit les céréales, les légumineuses et les féculents.

   – au petit déjeuner : du pain.

   – au déjeuner et au dîner : lentilles, fèves, haricots secs, riz complet, quinoa, pommes de terre…

→ On s'autorise un peu de confiture le matin.

La journée type

Le petit déjeuner

✓ 1 grand bol de thé vert
sans sucre ou avec 1 cuillère à café d'édulcorant

JOUR 8 À 14 : PHASE 2 (OU PHASE DE STABILISATION)

✓ + 1 tranche de pain aux céréales ou complet
avec 1 noix de beurre + 1 cuillère à soupe de confiture allégée en sucre

✓ + 1 fruit frais
au choix, selon la saison : ½ pomélo, 1 orange, 1 pomme, 1 kiwi, 2 clémentines, 2 abricots, ¼ ananas, 1 mangue, 1 bol de fraises ou de fruits rouges…

✓ + 100 g fromage blanc à 0 % OU 1 yaourt nature sans sucre ou avec 1 cuillère à café d'édulcorant

À 11 heures

✓ 1 tasse de thé vert
sans sucre ou avec 1 cuillère à café d'édulcorant

Le déjeuner

MENU 1

✓ **1 portion de soupe Phase 1**

✓ + 1 portion de protéines
au choix : 100 g de blanc de dinde/poulet OU 120 g de poisson (blanc ou gras) OU 100 g de rosbif

✓ + 1 petite assiette de légumes (crus ou cuits à la vapeur)
au choix, selon la saison : brocoli, chou-fleur, haricots verts, tomate, carotte, concombre, aubergine, poivron, céleri, endive…

→

SOUPES BRÛLE-GRAISSES

✓ + 1 portion de céréales ou légumineuses
soit 3 cuillères à soupe de riz complet OU de lentilles OU de quinoa OU de pâtes complètes OU de fèves

✓ + 1 cuillère à café d'huile d'olive
pour la cuisson de la viande, du poisson, des légumes, des céréales…

✓ + 1 fruit frais
au choix, selon la saison : ½ pomélo, 1 orange, 1 pomme, 1 kiwi, 2 clémentines, 2 abricots, ¼ ananas, 1 mangue, 1 bol de fraises ou de fruits rouges…

OU

MENU 2

✓ **1 portion de soupe Phase 2**

✓ + 1 portion de protéines
au choix : 100 g de blanc de dinde/poulet OU 120 g de poisson (blanc ou gras) OU 100 g de rosbif

✓ + 1 petite assiette de légumes (crus ou cuits à la vapeur)
au choix, selon la saison : brocoli, chou-fleur, haricots verts, tomate, carotte, concombre, aubergine, poivron, céleri, endive…

✓ + 1 cuillère à café d'huile d'olive
pour la cuisson de la viande, du poisson ou des légumes.

JOUR 8 À 14 : PHASE 2 (OU PHASE DE STABILISATION)

✓ + 1 fruit frais
au choix, selon la saison : ½ pomélo, 1 orange,
1 pomme, 1 kiwi, 2 clémentines, 2 abricots,
¼ ananas, 1 mangue, 1 bol de fraises ou de fruits
rouges…

À 16 heures

✓ 1 yaourt nature
sans sucre ou 1 cuillère à café d'édulcorant

✓ + 1 thé vert
sans sucre ou 1 cuillère à café d'édulcorant

Le dîner

MENU 1

✓ **1 portion de soupe Phase 1**

✓ + 1 portion de protéines
au choix : 100 g de jambon blanc OU 3 blancs
d'œufs battus avec 1 jaune OU 150 g de tofu

✓ + 1 petite assiette de légumes (crus ou cuits à la
vapeur)
au choix, selon la saison : brocoli, chou-fleur, haricots verts, tomate, carotte, concombre, aubergine,
poivron, céleri, endive…

✓ + 1 tranche de pain complet

✓ + 1 cuillère à café d'huile d'olive
pour la cuisson de la viande, du poisson, des
légumes ou des légumineuses.

→

39

SOUPES BRÛLE-GRAISSES

✓ + 100 g fromage blanc à 0 % OU 1 yaourt nature sans sucre ou avec 1 cuillère à café d'édulcorant

OU

MENU 2

✓ **1 portion de soupe Phase 2**

✓ + 1 portion de protéines
au choix : 100 g de jambon blanc OU 3 blancs d'œufs battus avec 1 jaune OU 150 g de tofu

✓ + 1 petite assiette de légumes (crus ou cuits à la vapeur)
au choix, selon la saison : brocoli, chou-fleur, haricots verts, tomate, carotte, concombre, aubergine, poivron, céleri, endive…

✓ + 1 cuillère à café d'huile d'olive
pour la cuisson de la viande, du poisson ou des légumes.

✓ + 100 g fromage blanc OU 1 yaourt nature sans sucre ou avec 1 cuillère à café d'édulcorant

Voir aussi l'encadré « Les conseils en + », p. 32.

L'après-régime

Vous êtes arrivé au terme des 15 jours de cette méthode ?
C'est bien ! Mais cela ne signifie pas que vous pouvez
vous ruer sur la première plaque de chocolat venue
ou craquer sans réfléchir pour un steak-frites. En plus
de déloger vos petits bourrelets, cette méthode a été
pour vous l'occasion de prendre de nouvelles habitudes
alimentaires, voire de prendre goût aux légumes et à la
soupe. Ne rayez pas d'un coup de fourchette tous ces
bénéfices !

10 bonnes habitudes à conserver

1 Été comme hiver, je prépare régulièrement de
bonnes soupes maison, à consommer en entrée au
déjeuner ou au dîner.

2 Je mange des fruits et des légumes à chaque repas.

3 Je privilégie les cuissons light, sans matières grasses.

SOUPES BRÛLE-GRAISSES

④ Je traque les graisses cachées : viennoiseries, charcuteries, bonbons, plats tout prêts…

⑤ Je varie mes sources de protéines : viandes, poissons, œufs mais aussi céréales et légumineuses.

⑥ Je mise sur les « bons » gras : huiles d'olive et de colza, amandes, noix, poissons gras…

⑦ Je m'hydrate suffisamment : eau, thé vert…

⑧ Je ne grignote pas entre les repas.

⑨ Je continue à faire de l'exercice chaque jour.

⑩ En cas d'écart, je reprends immédiatement le contrôle avec une journée « Rattrapage » (voir p. 28).

Partie 2

Les ingrédients

Revenons-en à la soupe, qui est au cœur de ce programme. Comment bien choisir ses légumes ? Comment agrémenter sa soupe pour qu'elle soit encore plus goûteuse ? Quelles sont les vertus particulières de tel ou tel légume ? Voici toutes les réponses !

Les légumes

Bien les choisir et les préparer

Frais ou surgelés ?

Rien de meilleur qu'une soupe faite avec de bons légumes frais ramassés dans votre jardin ou achetés au marché ! Non seulement vous y gagnez en goût, mais en plus, vous faites le plein de vitamines… Oui, à condition que vos légumes soient très frais. En effet, dès que le végétal est cueilli, il commence à perdre ses vitamines, et notamment la vitamine C. Très fragile, celle-ci se détruit au contact de l'air, de la lumière et du froid. Les légumes que l'on trouve dans les super-marchés ou les marchés ont donc déjà perdu une partie plus ou moins grande de leur capital vitamines ! Voilà pourquoi il est essentiel de préserver ce qu'il reste.

4 astuces pour conserver les vitamines des légumes frais

- Je les consomme rapidement après l'achat.

- J'évite de les entreposer à l'air et à la lumière, et je les mets de préférence dans le bac à légumes du réfrigérateur.

- Je les lave soigneusement (surtout s'ils ne sont pas bio) mais je ne les laisse pas tremper !

- J'évite les cuissons trop longues.

Contrairement aux idées reçues, les légumes surgelés sont tout aussi riches en vitamines que les légumes achetés au supermarché… voire davantage ! Aujourd'hui, les industriels congèlent les végétaux quelques heures seulement après leur récolte. Le temps étant réduit jusqu'au conditionnement, les légumes sont moins exposés à l'air libre et à la lumière, et donc perdent moins leurs vitamines ! Mais attention, pour les conserver, il faut adopter ces quelques gestes.

4 astuces pour conserver les vitamines des légumes surgelés

- J'évite de les conserver trop longtemps au congélateur.

- Je surveille la température du congélateur.

- Je ne laisse pas mes légumes décongeler pendant des heures : plus le délai entre la décongélation et la cuisson est longue, plus les légumes perdent leurs vitamines.

- J'évite les cuissons trop longues.

Et les légumes en conserve ?

Avez-vous déjà essayé de faire une soupe avec des haricots verts en boîte ? Le résultat n'est pas excellent ! Oubliez donc les soupes faites à base de légumes en conserve, d'autant plus que ceux-ci sont souvent moins riches en vitamines que les légumes frais. Ils peuvent cependant dépanner lors de certaines saisons, quand le légume n'est pas disponible sur les marchés. En hiver, par exemple, vous pouvez utiliser des tomates en boîte pour agrémenter une soupe : elle sera plus goûteuse. Au passage, vous y gagnez aussi sur le plan nutritionnel car, grâce à l'appertisation, les caroténoïdes (de puissants antioxydants) contenus dans les légumes sont mieux absorbés par l'organisme ! Et pensez à ne pas jeter le jus : ajoutez-le à la soupe car il concentre les vitamines et les minéraux.

Vive les saisons !

Si vous êtes adepte des légumes frais, ne commettez pas l'erreur d'acheter des tomates en plein hiver. Que ce soit sur le plan écologique, sur le plan économique ou sur le plan nutritionnel, c'est une très mauvaise idée !

- Les légumes « hors saison » ont poussé dans des serres surchauffées, dans une terre bourrée d'engrais et/ou arrivent de l'autre bout du monde… en avion ! Dans un cas comme dans l'autre, leur empreinte carbone est élevée ! En choisissant des légumes de saison – et encore mieux, produits localement – vous respectez l'environnement.

- Financièrement, vous êtes perdant car les légumes hors saison sont souvent beaucoup plus chers ! La faute aux coûts de transport, d'engrais, de chauffage des serres…

- Sur le plan nutritionnel, aussi, vous y perdez car ces légumes sont moins riches en vitamines : récoltés trop tôt, ils n'ont pas eu le temps de mûrir et ont dû subir un long voyage jusqu'à votre assiette. Résultat : certains ont perdu jusqu'à 80 % de leurs bienfaits ! De plus, en privilégiant les produits de saison, vous faites confiance à la nature : l'été, en privilégiant les légumes riches en eau (comme les tomates, les concombres, les courgettes…) et l'hiver en optant pour ceux qui « réchauffent » (comme les choux, les courges…).

Pour découvrir la bonne saison de chaque légume, rendez-vous p. 201.

Les atouts des légumes bio

En privilégiant les légumes bio, vous gagnez…

- du temps. Pas besoin d'éplucher les carottes ou de peler les courgettes : vous pouvez les manger tels quels, contrairement aux légumes conventionnels, dont la peau concentre les pesticides utilisés lors de leur culture !

- des vitamines. Des études scientifiques ont démontré que certains fruits et légumes bio étaient plus riches en vitamines que les mêmes, version non-bio. De plus, la peau des légumes concentre les vitamines. En la mangeant, vous faites le plein !

Et la soupe industrielle ?

Quand on n'a pas le temps – ou l'envie – de préparer une soupe maison, la tentation est grande de se tourner vers les soupes toutes prêtes proposées dans les supermarchés.

En briques, déshydratées, fraîches, surgelées… elles se présentent sous de nombreuses formes, et toutes ne se valent pas. Sachez en effet que les soupes en briques sont souvent très salées, et contiennent beaucoup de graisses ajoutées : fiez-vous à la liste des ingrédients ! En dépannage dans le cadre de votre régime soupe, vous pouvez opter pour une soupe surgelée ou une soupe fraîche en bocal ou en pack : leur composition se rapproche de celle des soupes maison. En évitant bien évidemment celles qui contiennent du fromage, de la crème, etc. Le mieux restant de privilégier la soupe maison : là au moins, vous savez – et contrôlez – ce qu'il y a dedans.

À chaque légume
ses bienfaits minceur

Diurétique, antitoxines, dépuratif, laxatif, anti-rétention d'eau, antioxydant, reminéralisant… : chaque légume a des vertus particulières. Découvrez la fiche d'identité de chacun d'eux.

Ail

135 kcal/100 g (4 kcal par gousse)

Il a des vertus diurétiques et détoxifiantes, qui aident à purifier l'organisme. Une consommation régulière permet de faire baisser le taux de cholestérol. Il est également riche en vitamines, calcium, fer et soufre.

⭐ **Le conseil en + :** faites-le revenir à feu doux, sinon il devient amer.

✋ **Pour bien le choisir...** La tête doit être joufflue, ferme et assez lourde.

Artichaut
40 kcal/100 g

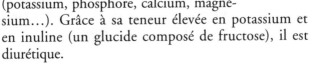

C'est une excellente source de fibres solubles et insolubles : entre 4 et 5 g par artichaut. Il est riche en minéraux (potassium, phosphore, calcium, magnésium…). Grâce à sa teneur élevée en potassium et en inuline (un glucide composé de fructose), il est diurétique.

⭐ **Le conseil en + :** consommé en trop grande quantité, il peut provoquer des ballonnements.

✋ **Pour bien le choisir...** Scrutez ses feuilles : elles doivent être bien serrées et cassantes, sans taches noires.

Asperge
25 kcal/100 g

Légère, riche en eau (92 %) et en fibres, elle favorise l'élimination. C'est également une bonne source de vitamines et de minéraux, notamment vitamines B9 et K.

⭐ **Le conseil en + :** la cuisson à la vapeur est idéale pour conserver tous ses bienfaits.

✋ **Pour bien la choisir...** Préférez les grosses asperges, plus tendres.

Aubergine
18 kcal/100 g

En plus d'être l'un des légumes les moins caloriques, c'est la championne pour piéger les graisses ! Mais ce n'est pas son seul atout. L'aubergine est composée à plus de 90 % d'eau et apporte de nombreux minéraux : magnésium, zinc et potassium (qui la rend diurétique). Riche en fibres, elle cale parfaitement grâce à sa texture bien dense.

★ **Le conseil en + :** cuisinez-la sans graisses, car elle absorbe tout ! Le mieux est de la faire cuire à la vapeur ou au four, enveloppée dans une feuille de papier-alu, style papillote.

✋ **Pour bien la choisir...** Sa peau doit être lisse, bien ferme, et d'une jolie couleur violette.

Betterave
40 kcal/100 g

Malgré sa richesse en sucres, et donc son apport calorique relativement élevé pour un végétal, elle ne doit pas être rayée de la liste des légumes minceur. Grâce à sa richesse en fibres douces, elle a un effet laxatif. C'est également une excellente source de minéraux : potassium, calcium et magnésium.

★ **Le conseil en + :** si vous achetez des betteraves crues avec leurs feuilles, ne jetez pas ces dernières. Comme les épinards, elles pourront être cuites ou servies en salade.

✋ **Pour bien la choisir...** Si vous l'achetez crue, choisissez-la ferme et pas trop sèche. Cuite, elle doit avoir une peau bien lisse.

Blette
21 kcal/100 g

C'est une excellente source de magnésium, de fer et de vitamines A et K. Elle est réputée diurétique et légèrement laxative.

⭐ **Le conseil en + :** pour la soupe, vous n'utiliserez que la partie verte. Ne jetez pas les côtes : vous pourrez les servir braisées, avec de l'ail et du persil, ou en gratin.

✋ **Pour bien la choisir...** Ses feuilles doivent être brillantes, bien vertes et bien fermes.

Brocoli
25 kcal/100 g

C'est l'un des légumes les plus riches en vitamine C, à l'effet coupe-faim. Ajoutez à cela sa richesse en fibres solubles qui calent parfaitement et sa teneur en acide alphalipoïque qui permet de brûler le sucre : voilà un légume minceur à mettre au menu d'urgence ! Sans compter sa concentration exceptionnelle en vitamines et minéraux.

⭐ **Le conseil en + :** faites-le cuire de préférence à la vapeur, 5 minutes pas plus !

✋ **Pour bien le choisir…** Sa tige doit être bien ferme, et ses bouquets bien serrés.

Carotte
33 kcal/100 g

Outre sa richesse en provitamine A (un antioxydant puissant) et en minéraux (potassium, calcium, magnésium, fer…), elle apporte des fibres bien tolérées par l'organisme. Certaines, les pectines, ont même le pouvoir de « séquestrer » les graisses pour les éliminer.

★ **Le conseil en + :** optez pour des carottes bio, vous n'aurez pas besoin de les éplucher et profiterez des vitamines contenues dans la peau.

✋ **Pour bien la choisir…** Elle doit être d'une belle couleur orange foncé : c'est la garantie qu'elle est riche en carotène.

Céleri
18 kcal/100 g

Riche en vitamines B6 et C, il favorise la production de noradrénaline, un neurotransmetteur qui limite la mise en réserve des graisses. Il est également pauvre en calories, riche en fibres (mieux tolérées par l'organisme quand le légume est cuit), et en minéraux.

⭐ **Le conseil en + :** ne jetez pas les feuilles du céleri-branche. Séchées, elles pourront vous servir pour relever vos soupes !

✋ **Pour bien le choisir...** Le céleri-branche doit avoir des côtes cassantes et bien brillantes. Le céleri-rave, lui, doit être ferme et lourd. À noter : céleri-branche et céleri-rave sont les deux parties d'une même plante.

Champignon de Paris
15 kcal/100 g

Ultra-light grâce à sa teneur élevée en eau, il est pourtant super-nutritif ! Il est notamment très riche en vitamine B, cuivre et sélénium. De plus, il cale parfaitement.

⭐ **Le conseil en + :** évitez les champignons en conserve qui, s'ils affichent les mêmes nutriments, sont très riches en sodium.

✋ **Pour bien le choisir...** Il doit être d'une belle couleur uniforme, lisse et sans tache. Achetez-le de préférence au marché, et évitez les barquettes en plastique où le champignon est privé d'air.

Chou
22 kcal/100 g

Très léger, il est très riche en fibres (plus de 3 g pour 100 g). Résultat : il cale bien et stimule l'élimination des sucres et des graisses avant leur assimilation. De plus, c'est un excellent cocktail de potassium et de vitamines C, E et provitamine A.

★ **Le conseil en + :** cuit avec quelques graines de cumin, il est plus digeste.

✋ **Pour bien le choisir...** Il doit être lourd et ferme, avec les feuilles bien serrées.

Chou-fleur
20 kcal/100 g

Selon certaines études, il aurait la capacité de réduire le taux de sucre dans le sang, et donc d'empêcher son stockage sous forme de graisse. Bourré de fibres, il rassasie rapidement. C'est également un légume extrêmement riche en vitamine C. Ainsi qu'en minéraux, notamment magnésium, calcium et potassium qui le rendent diurétique.

★ **Le conseil en + :** cuisez-le rapidement pour conserver ses propriétés, de préférence à la vapeur (5 minutes maxi) ou à l'eau (15 minutes maxi).

✋ **Pour bien le choisir...** On en trouve toute l'année sur les marchés : certaines variétés plutôt au printemps et en été, d'autres plutôt en automne et en hiver. Sa tête doit être ferme, compacte et bien blanche, ses feuilles fraîches et vertes.

Concombre
10 kcal/100 g

Riche en eau (plus de 95 %) et en potassium, il possède des propriétés purifiantes pour l'organisme. C'est le légume drainant par excellence. Et, côté calories, il est imbattable !

★ **Le conseil en + :** vous pouvez consommer sa peau, elle aide à digérer (mais pas ses pépins). Mais, pour le cuisiner non épluché, mieux vaut le choisir bio !

✋ **Pour bien le choisir...** Il doit être ferme mais pas trop dur.

Courgette
15 kcal/100 g

Elle est pauvre en calories (car pleine d'eau), mais super-riche en calcium et magnésium. Elle est excellente pour lutter contre la rétention d'eau, grâce à sa richesse en potassium.

★ **Le conseil en + :** consommez-la avec la peau ! Pour cela, choisissez-la bio.

✋ **Pour bien la choisir...** Elle doit être ferme, lourde, sans taches et sans coups. Évitez les courgettes trop grosses, qui contiennent beaucoup de pépins.

Cresson
17 kcal/100 g

Très léger, il apporte des fibres douces, parfaitement assimilables par l'organisme. C'est aussi une excellente source de vitamines, notamment C, A et K, et de minéraux.

★ **Le conseil en + :** faites-le cuire rapidement, dans une petite quantité d'eau, afin qu'il conserve ses précieux bienfaits.

✋ **Pour bien le choisir…** Ses feuilles doivent être bien vertes, serrées et brillantes.

Endive
15 kcal/100 g

Dans la catégorie basses calories, c'est une championne : difficile de faire plus light que l'endive qui est avant tout composée d'eau (plus de 95 %). Mais elle est riche en bienfaits : fibres, vitamines et minéraux.

★ **Le conseil en + :** préférez la cuisson à la vapeur ou à l'étouffée et non à l'eau.

✋ **Pour bien la choisir…** Ses feuilles doivent être bien serrées, blanches avec une pointe jaune, sans taches.

Épinard
18 kcal/100 g

Digeste et riche en fibres, il renferme de nombreux bienfaits, notamment une richesse exceptionnelle en potassium, calcium et magnésium, et une bonne dose de vitamine C. Il contient aussi et surtout de l'acide alphalipoïque, un antioxydant qui stimule la combustion du sucre, et donc évite son stockage sous forme de graisse.

★ **Le conseil en + :** cuisez-le de préférence à l'étuvée ou à la vapeur, pour conserver tous ses bienfaits.

✋ **Pour bien le choisir…** Ses feuilles doivent être vert foncé, lisses et tendres.

Fenouil
25 kcal/100 g

Il est riche en fibres coupe-faim qui rassasient durablement, et en vitamines C, E et B9 notamment. C'est également une bonne source de magnésium et de potassium, aux vertus drainantes.

★ **Le conseil en + :** il sera encore plus savoureux si vous le consommez braisé.

✋ **Pour bien le choisir…** Il doit être blanc, ferme et sans taches. Son plumet, d'une belle couleur verte, ne doit pas être abîmé.

Haricot vert
30 kcal/100 g

Contrairement aux idées reçues, le haricot vert n'est pas un légume mais… une légumineuse. Cependant, en raison de son faible apport calorique, il est souvent rangé – comme dans ce guide – dans la catégorie des légumes. C'est une excellente source de fibres douces, de protéines végétales, de vitamine C, de provitamine A et d'acide folique.

★ **Le conseil en + :** la cuisson ne doit pas être trop longue, afin qu'il ne perde pas ses précieuses vitamines. Cuisez-le de préférence à la vapeur ou dans un petit volume d'eau.

✋ **Pour bien le choisir…** Il doit être ferme et cassant, d'une couleur uniforme.

Laitue
13 kcal/100 g

Contrairement aux idées reçues, elle n'apporte pas que de l'eau ! C'est aussi une bonne source de vitamines (C, B, E et provitamine A), de minéraux et oligo-éléments, et de fibres.

★ **Le conseil en + :** ne jetez pas les feuilles les plus vertes, elles sont plus riches en provitamine A.

✋ **Pour bien la choisir…** Ses feuilles doivent être fraîches, non flétries, et sa base bien blanche.

Mâche
19 kcal/100 g

Elle contient trois fois plus de vitamine C que la laitue ! Riche en fibres, elle cale parfaitement. Autre atout de taille : elle est riche en oméga 3, ces acides gras essentiels, ainsi qu'en vitamine B9, excellente pour lutter contre le stress et la fatigue.

⭐ **Le conseil en + :** sa saveur est délicate. Ne la tuez pas en l'associant, dans votre velouté, avec un autre légume au goût fort ou trop d'épices.

✋ **Pour bien la choisir...** Ses feuilles doivent être bien vertes.

Navet
18 kcal/100 g

Riche en eau et en fibres, il participe à l'élimination. Il apporte également une bonne dose de vitamines B et C, ainsi que des minéraux et des oligo-éléments (fer, zinc, cuivre).

⭐ **Le conseil en + :** ne jetez pas les fanes, dont vous pourrez faire un délicieux velouté.

✋ **Pour bien le choisir...** Il doit être ferme, avec une peau bien lisse.

Oignon
34 kcal/100 g

Il a une action diurétique grâce à certains glucides, appelés fructosanes. Ce qui permet d'éliminer le sodium en excès, luttant ainsi contre la rétention d'eau. Il est également riche en vitamine C, en minéraux et oligo-éléments.

★ **Le conseil en + :** prenez l'habitude d'en ajouter dans toutes vos soupes. Un petit plus pour la santé, et pour le goût !

✋ **Pour bien le choisir...** Pour la soupe, préférez l'oignon Paille des vertus, le plus courant.

Oseille
24 kcal/100 g

Cuites, ses fibres douces sont parfaitement assimilées par l'organisme. De plus, c'est un légume très riche en vitamine C : 100 g apportent 75 % des apports journalier recommandés. À souligner aussi, sa richesse en oligo-éléments comme le fer et le magnésium.

★ **Le conseil en + :** l'oseille est assez acide, n'hésitez pas à l'associer à un légume plus doux.

✋ **Pour bien la choisir...** Ses feuilles, brillantes et bien vertes, doivent crisser sous les doigts.

Panais
55 kcal/100 g

Un temps oublié, ce légume redevient à la mode. Plus calorique que sa cousine la carotte, il est aussi plus riche en vitamines et minéraux. C'est une excellente source de potassium et de fibres.

★ **Le conseil en + :** il cuit beaucoup plus vite que la carotte !

✋ **Pour bien le choisir...** Il doit être ferme et bien lourd. Préférez les panais de taille moyenne (les gros risquent d'être fibreux).

Petit pois
80 kcal/100 g

Plus riche en calories et en glucides que les autres légumes, le petit pois est un peu à part. Mais ses atouts sont nombreux : il favorise la satiété, et apporte des protéines végétales. Il est également très riche en fibres (6 g/100 g), en vitamines et en minéraux.

★ **Le conseil en + :** plus il est frais, plus il a du goût. À défaut de l'acheter frais, choisissez-le surgelé.

✋ **Pour bien le choisir...** Sa cosse doit être lisse, sans tache et bien ferme.

Poireau
27 kcal/100 g

Côté diurétique, il est champion. Son secret : sa richesse en fructosanes (des glucides spécifiques) et un rapport potassium/sodium élevé. Il associe un effet coupe-faim, dans sa partie blanche, et anticonstipation, dans sa partie verte.

★ **Le conseil en + :** dans la soupe, utilisez le blanc et la partie tendre du vert.

✋ **Pour bien le choisir…** Il doit être lisse, ferme et d'une couleur intense.

Poivron
10 kcal/100 g

Savez-vous que le poivron contient 2,5 fois plus de vitamine C que l'orange ? C'est aussi l'un des légumes les plus riches en fibres, qui limite l'absorption des graisses.

★ **Le conseil en + :** pour profiter au mieux de sa richesse en vitamine C, ajoutez quelques dés de poivron rouge cru dans votre bol de soupe.

✋ **Pour bien le choisir…** Sa peau doit être brillante, ferme et lisse.

Potimarron
31 kcal/100 g

C'est une excellente source de vitamines et de minéraux. Plus vous le conservez (dans un endroit sec), plus sa teneur en vitamine augmente !

★ **Le conseil en + :** contrairement au potiron, la peau, très fine, se mange.

✋ **Pour bien le choisir...** Il doit être lourd et bien ferme, d'une jolie couleur intense.

Potiron
25 kcal/100 g

C'est une excellente source de minéraux, notamment de potassium, mais aussi de vitamine A aux propriétés antioxydantes. De plus, il cale bien. Sa texture est idéale dans les soupes : nul besoin d'ajouter de la crème !

★ **Le conseil en + :** ne jetez pas ses graines ! Juste grillées, elles sont comestibles. À saupoudrer sur la soupe, ou dans une salade de crudités.

✋ **Pour bien le choisir...** Son écorce doit être dure, ferme et sans taches.

Radis (fanes)
15 kcal/100 g

Quand vous mangez des radis, ne jetez plus les fanes, mais faites-en une soupe. Elles sont riches en vitamine C, en fer et en provitamine A.

★ **Le conseil en + :** utilisez-les le jour de l'achat, sinon elles ont tendance à... faner !

✋ **Pour bien le choisir...** Les fanes, bien vertes, ne doivent pas être flétries : c'est aussi un gage de fraîcheur pour le radis.

Salsifis
30 kcal/100 g

Riche en fibres douces, il « nettoie » l'organisme mais est parfaitement toléré. Sa richesse en potassium et son faible taux de sodium le rendent diurétique.

★ **Le conseil en + :** pour éviter la corvée de l'épluchage, optez pour des salsifis surgelés.

✋ **Pour bien le choisir...** Frais, il doit être bien ferme. Évitez les salsifis trop gros, qui seront fibreux.

Tomate
15 kcal/100 g

Super-riche en eau, elle n'apporte que quelques calories… mais une bonne dose de vitamines, ainsi que des fibres qui stimulent le transit.

★ **Le conseil en + :** elle préfère les soupes froides, type gaspacho, idéales en été.

✋ **Pour bien la choisir…** Fiez-vous à son odeur : une tomate sans parfum est une tomate sans goût !

Topinambour
31 kcal/100 g

Redécouvrez ce légume oublié… et pourtant plein de bienfaits. Super-riche en fibres (7 g/100 g), il stimule l'élimination, tout en calant autant que la pomme de terre. Sans oublier un apport intéressant en vitamines B et en minéraux !

★ **Le conseil en + :** vous n'êtes pas obligé de l'éplucher, il aura plus de goût.

✋ **Pour bien le choisir…** Vérifiez qu'il soit bien ferme.

Les autres ingrédients

Les herbes aromatiques

Le plein de bienfaits

Riches en vitamines, notamment C, en antioxydants et en minéraux, les herbes aromatiques regorgent de vertus santé : elles sont excellentes pour la digestion par exemple. De plus, elles rehaussent le goût des soupes parfois un peu fades, ce qui évite de forcer sur le sel. Le tout avec très peu de calories !

Bien les choisir

Évidemment, il est toujours préférable d'utiliser des herbes fraîchement récoltées, achetées sur le marché ou cultivées dans votre potager. Mais ce n'est pas toujours possible ! Dans ce cas, préférez les herbes surgelées – plus riches en goût et en bienfaits – aux herbes séchées.

À noter : pour conserver les bienfaits des herbes fraîches, ajoutez-les dans la soupe au dernier moment, quand vous mixez les légumes (sauf pour le thym, la sauge, le romarin…). Ainsi, elles ne perdent pas leurs précieuses vitamines, ni leur goût, à la cuisson. Pensez également à en conserver quelques feuilles ou brins pour la déco.

Quelques exemples d'herbes aromatiques à utiliser dans vos soupes minceur...

- **Le persil.** Il a des propriétés diurétiques, dépuratives et satiétogènes (grâce à sa richesse en fibres). Trois bonnes raisons de le saupoudrer sur toutes vos soupes. Préférez le persil plat au persil frisé : il est moins amer et plus savoureux.

- **La ciboulette.** Un grand classique pour décorer vos soupes chaudes et froides… et ajouter une dose de vitamine C.

- **Le basilic.** À associer de préférence à des légumes provençaux (tomate, courgette, aubergine…) et à ajouter au dernier moment.

- **La menthe.** Délicieuse dans les soupes glacées… ou dans l'incontournable velouté de petits pois à la menthe.

- **Le thym.** Pour donner du goût aux bouillons. Il résiste bien à la cuisson.

- **La sauge.** Très parfumée et résistante à la cuisson, elle est particulièrement indiquée dans les cas de digestion difficile.

- **Le laurier.** Il a des vertus apaisantes.

… et encore bien d'autres !

Les épices

Le plein de bienfaits
Comme les herbes aromatiques, les épices sont excellentes pour la digestion : la plupart stimulent le transit et permettent de garder un ventre plat. Elles ajoutent du goût – et de la couleur – aux soupes, le tout sans calories. Elles permettent ainsi de réduire la dose de sel.

Bien les doser !
Avec les épices, tout est une question de dosage. Certaines sont très fortes, et si vous en mettez trop, vous risquez de tuer le goût des autres légumes, voire de rendre votre soupe immangeable. Ayez la main légère, et n'hésitez pas à goûter avant d'en rajouter ne serait-ce qu'une pincée. L'astuce : ajoutez-les de préférence après avoir mixé votre soupe, vous pourrez ainsi mieux évaluer le goût.

*À **noter** :* les épices s'utilisent le plus souvent sous forme séchée, en flacon. Mais sachez que vous pouvez aussi en acheter certaines fraîches, comme le gingembre, la citronnelle ou le curcuma.

**Quelques exemples d'épices
à utiliser dans vos soupes minceur...**

- **Le curry.** C'est en réalité un mélange d'épices (cumin, piment, poivre, clou de girofle, coriandre...). Délicieux par exemple dans un velouté de courgettes.

- **Le curcuma.** Excellent pour la digestion. Il ajoute une jolie note rouge à vos soupes !

- **La muscade.** Elle se marie parfaitement avec le chou-fleur, la courge... →

> - **Le paprika.** Un petit goût amer, et une couleur rouge bien prononcée.
>
> - **Le gingembre.** Pour ajouter une note d'Asie à vos soupes et bouillons. Préférez-le frais !
>
> - **Le cumin.** Parfait dans un velouté de carottes ou de lentilles…
>
> **… et encore bien d'autres !**

Les petits plus

Pour donner encore plus de goût et de crémeux à vos soupes (sans alourdir la facture calorique), misez sur ces ingrédients magiques !

- **Le bouillon.** C'est indispensable pour donner de la saveur à votre soupe. Deux solutions : soit on utilise un bouillon maison, à condition qu'il soit dégraissé, soit on mise sur les cubes de bouillon prêts à l'emploi (c'est plus pratique !).

Conseil n° 1 : pour dégraisser un bouillon de volaille maison, il suffit de le laisser refroidir. Le gras va remonter et se figer en surface, il suffira de l'ôter.

Conseil n° 2 : le bouillon maison se congèle parfaitement. N'hésitez pas à en préparer d'avance pour vos autres soupes…

Conseil n° 3 : si vous optez pour les bouillons cube, préférez les versions « dégraissé » et bio, 100 % naturelles et donc sans ingrédients aux noms douteux…

LES AUTRES INGRÉDIENTS

- **Le sel.** Ayez la main légère : l'excès de sel provoque hypertension et rétention d'eau. Contentez-vous d'une pincée, ou même moins, surtout si vous utilisez un cube de bouillon, souvent déjà riche en sel.

  L'astuce en + : utilisez du sel de céleri, à base de poudre de céleri-rave séchée. À ne pas confondre avec le sel au céleri qui, lui, n'est rien d'autre que du sel aromatisé au céleri.

- **Les produits laitiers.** évidemment, on privilégiera la crème allégée à la crème entière.

  L'astuce en + : dans les soupes froides ou au moment de servir (ne pas faire cuire), on peut ajouter du fromage blanc à 0 % MG, du yaourt nature… Dans les soupes chaudes, misez sur le lait concentré non sucré par exemple.

5 astuces à retenir pour alléger vos soupes

- Remplacez les pommes de terre par des courgettes : elles apportent autant de liant avec moins de calories.

- Remplacez la crème fraîche par du lait concentré (non sucré évidemment).

- Misez sur les herbes et les épices pour remplacer le sel.

- Utilisez des bouillons dégraissés.

- Remplacez le beurre par de l'huile d'olive.

Partie 3

100 recettes de soupes

Les soupes d'été 77
Les soupes d'hiver 139

Notes

✓ Toutes les recettes sont données pour 4 personnes. Vous pouvez donc les préparer pour toute la famille, ou pour plusieurs repas. Vous pouvez aussi facilement diviser les quantités.

✓ Dans la composition des soupes, le rythme des saisons a été, dans la mesure du possible, respecté. Ainsi, vous ne trouverez pas de soupes de courgettes dans les recettes d'hiver, ni de velouté d'endives dans les recettes d'été. Mais ne soyons pas trop rigoriste ! Certains légumes se trouvent toute l'année sur les étals (comme les tomates et les carottes). Hors saison, vous pouvez également utiliser des légumes surgelés.

✓ Dans la liste des ingrédients, vous trouverez souvent un cube de bouillon (volaille, légumes…). Ils ont été privilégiés pour leur côté pratique. Mais rien ne vous empêche de préparer vos soupes avec un bon bouillon maison. Retrouvez les recettes de bouillon p. 197.

✓ Selon le résultat souhaité (plus ou moins épais ou crémeux), vous pouvez mixer les légumes avec tout le jus de cuisson ou seulement une partie. Ne jetez pas ce qu'il vous reste : vous pourrez le boire dans la journée. C'est diurétique et plein de vitamines ! Évidemment, vous pouvez également déguster votre soupe telle quelle, non mixée : c'est encore plus rassasiant.

Légendes

Phase 1

Les soupes à préparer pendant les jours 1 à 8 ou les jours 9 à 15.

Phase 2

Les soupes réservées aux jours 9 à 15.

♟ Version « famille »

Des idées de variantes pour celles et ceux qui ne sont pas au régime…

★ Le conseil en +

Plein d'astuces pour la cuisson ou le choix des légumes, la présentation…

Les soupes d'été

Les soupes Phase 1

Velouté d'asperges aux courgettes................................79
Soupe froide de tomates..80
Velouté d'aubergines grillées aux épices..................81
Gaspacho de concombres aux herbes
et au yaourt..83
Velouté d'artichauts express...84
Soupe tiède de concombres au cumin.....................85
Velouté de poivrons rouges...86
Gaspacho de légumes d'été...87
Soupe tomates-courgettes-curry................................89
Soupe de haricots verts aux herbes..........................91
Soupe aux choux nouveaux...92
Potage de légumes provençaux...................................93
Velouté d'asperges vertes
à la coriandre fraîche...95
Soupe fenouil-courgettes..96
Soupe chinoise aux légumes croquants...................97
Velouté d'asperges blanches.......................................99
Velouté de courgettes à l'ail.....................................100
Potage tout vert..101
Velouté glacé de concombres à la menthe........102
Soupe courgettes-carottes-brocolis........................103
Velouté froid de carottes au cumin......................105
Velouté frais de brocoli au basilic.........................106
Soupe aux légumes al dente......................................107
Velouté fenouil-carottes...109

→

Crème de chou-fleur froide 110
Soupe paysanne au fenouil et brocoli 111
Soupe froide de légumes, sans cuisson 113
Velouté oseille-épinards 114
Soupe de tomates aux dés de poivron rouge ... 115
Velouté de carottes à la coriandre fraîche 117
Bouillon de légumes d'été 118
Potage fenouil-poivron 119

Les soupes Phase 2

Potage provençal au fenouil 120
Velouté glacé de petits pois à la menthe 121
Potage de lentilles aux courgettes 123
Velouté de fanes de radis au basilic 124
Soupe de légumes nouveaux 125
Soupe de petits pois 126
Velouté d'épinards au curry 127
Velouté de laitue aux herbes d'été 128
Soupe de pois chiches aux carottes
et épinards 129
Soupe aux haricots plats 130
Velouté de courgettes et quinoa 131
Velouté de fenouil 132
Soupe de haricots verts et petits pois 133
Velouté de laitue 134
Soupe italienne 135
Soupe mange-tout 137
Potage de légumes au tapioca 138

Velouté d'asperges aux courgettes

Phase 1

Ingrédients : 400 g d'asperges vertes, 3 courgettes, 1 oignon, 1 cube de bouillon de volaille dégraissé, 1 pincée de noix de muscade, sel, poivre.

Taillez les queues des asperges et épluchez-les. Coupez-les en tronçons.

Pelez les courgettes et coupez-les en dés.

Pelez et émincez l'oignon.

Dans une marmite, portez à ébullition 1,5 litre d'eau et le cube de bouillon. Une fois que l'eau bout, plongez-y les asperges, les courgettes et l'oignon. Baissez le feu et laissez frémir 10 à 15 minutes.

Mixez les légumes avec une partie du jus de cuisson, jusqu'à obtenir la consistance désirée. Ajoutez la noix de muscade, salez légèrement et poivrez.

Réchauffez à feu doux si nécessaire et servez bien chaud.

Le conseil en +

Pour éplucher les asperges, maintenez la pointe avec le bout des doigts. Avec l'autre main, passez l'éplucheur de la pointe vers l'extrémité. Répétez l'opération.

Soupe froide de tomates

> **Phase 1**

> **Ingrédients :** 1 kg de tomates bien mûres, 2 gousses d'ail, 2 petits oignons nouveaux, 1 échalote, 1 cuillère à soupe de Tabasco, 1 cuillère à soupe d'huile d'olive, 1 cuillère à soupe de vinaigre balsamique, quelques feuilles de roquette, sel, poivre.

Portez à ébullition un grand volume d'eau. Plongez-y les tomates 30 secondes. Égouttez-les puis pelez-les. Coupez-les en dés.

Épluchez et émincez l'ail et l'échalote. Faites chauffer l'huile d'olive dans une poêle. Ajoutez l'ail et l'échalote, faites-les revenir pendant 2 à 3 minutes à feu doux.

Incorporez les tomates, et laissez-les cuire pendant 4 à 5 minutes, toujours à feu doux.

Épluchez les petits oignons blancs et coupez-les en deux.

Mixez les tomates avec les oignons, le Tabasco et le vinaigre balsamique. Salez et poivrez. Réservez au frais pendant au moins 1 heure.

Servez bien frais, décoré de feuilles de roquette.

> **Version « famille »**
>
> Servez avec des mouillettes de pain grillé tartinées de tapenade d'olives noires.

Velouté d'aubergines grillées aux épices

Phase 1

Ingrédients : *2 aubergines, 3 tomates, 1 gousse d'ail, 1 cube de bouillon de volaille dégraissé, 1 cuillère à café de cumin, 1 pincée de piment d'Espelette, 2 pincée de paprika, 1 cuillère à soupe d'huile d'olive, quelques feuilles de coriandre, sel, poivre.*

Faites chauffer votre four à 180 °C (thermostat 6).

Lavez les aubergines, enlevez les extrémités et ouvrez-les en deux. Saupoudrez leur chair des épices (cumin, piment d'Espelette, paprika). Refermez chaque aubergine et emballez-la dans une feuille de papier-alu. Mettez-les au four, et laissez cuire 40 à 45 minutes.

Pendant ce temps, portez à ébullition un grand volume d'eau. Plongez-y les tomates pendant 30 secondes. Puis égouttez-les et pelez-les. Coupez-les en gros dés.

Épluchez et émincez l'ail.

Diluez le cube de bouillon dans 1 litre d'eau chaude.

Une fois que les aubergines sont cuites, ouvrez-les et récupérez leur chair à l'aide d'une cuillère à soupe.

Dans une cocotte, faites chauffer l'huile d'olive. Ajoutez l'ail et laissez-le fondre pendant 1 minute, à feu doux. Incorporez les dés de tomates et la chair des aubergines. Mouillez avec le bouillon, et laissez cuire à feu doux pendant 10 minutes.

→

Mixez les légumes finement. Salez légèrement et poivrez.

Lavez la coriandre.

Servez tiède, décoré des feuilles de coriandre.

🏃 Version « famille »

Cette soupe s'inspire du zaalouk marocain (caviar d'aubergines). Pour rester dans la note orientale, servez-la avec de grandes tranches de pain marocain.

Gaspacho de concombres aux herbes et au yaourt

> **Phase 1**

Ingrédients : 3 concombres, ½ bouquet de basilic, ½ bouquet de ciboulette, ½ bouquet de persil plat, 1 gousse d'ail, 2 yaourts nature, 1 cuillère à soupe de jus de citron, sel, poivre.

Épluchez les concombres, épépinez-les et coupez-les en tronçons. Saupoudrez-les de sel, et laissez-les dégorger pendant une trentaine de minutes dans une passoire.

Pelez et émincez l'ail.

Lavez les herbes. Gardez quelques feuilles ou tiges pour la déco et hachez le reste grossièrement.

Mixez les concombres égouttés avec les herbes, l'ail, le jus de citron et les yaourts jusqu'à ce que la texture soit bien lisse. Poivrez. Réservez au frais jusqu'au moment de servir.

Répartissez le gaspacho dans des bols, et décorez avec les herbes restantes ciselées.

Version « famille »
Ajoutez 1 quenelle de crème fraîche épaisse dans chaque bol, et parsemez de croûtons de pain frottés d'ail.

VELOUTÉ D'ARTICHAUTS EXPRESS

Phase 1

Ingrédients : *12 fonds d'artichaut (surgelés), 1 oignon, 1 cuillère à soupe d'huile d'olive, 2 cuillères à soupe de vin blanc, 1 cube de bouillon de volaille dégraissé, quelques brins de ciboulette, sel, poivre.*

Pelez l'oignon et émincez-le finement.

Coupez les fonds d'artichauts en quatre.

Diluez le cube de bouillon dans 1,5 litre d'eau bouillante.

Dans une marmite, faites chauffer l'huile d'olive. Ajoutez l'oignon émincé et laissez-le revenir 4 à 5 minutes à feu doux. Ajoutez les morceaux d'artichauts, et laissez cuire encore 2 à 3 minutes toujours à feu doux.

Versez le cube de bouillon et le vin blanc, salez légèrement et poivrez. Portez à ébullition, baissez le feu puis laissez cuire 40 minutes.

Lavez et ciselez la ciboulette.

Mixez les légumes avec une partie du jus de cuisson, jusqu'à obtenir la consistance désirée.

Réchauffez à feu doux si nécessaire et servez bien chaud, décoré de ciboulette ciselée.

Version « famille »

Ajoutez quelques lamelles de parmesan dans chaque bol.

SOUPE TIÈDE DE CONCOMBRES AU CUMIN

Phase 1

Ingrédients : *2 concombres bio, 2 yaourts nature, 2 gousses d'ail, 1 cuillère à café de cumin en poudre, 1 cuillère à soupe d'huile d'olive, sel, poivre.*

Lavez les concombres, enlevez les extrémités et coupez-les en deux. Ouvrez-les dans le sens de la longueur et ôtez les pépins à l'aide d'une petite cuillère. Sans les éplucher, détaillez-les en cubes.

Pelez et émincez finement l'ail.

Faites chauffer l'huile d'olive dans une marmite, ajoutez l'ail et faites-le fondre pendant 1 minute, à feu doux. Ajoutez les dés de concombres et le cumin.

Couvrez d'eau à hauteur et laissez cuire pendant 15 minutes environ.

Mixez les concombres avec les yaourts nature et une partie du jus de cuisson jusqu'à obtenir la consistance désirée. Salez et poivrez.

Servez cette soupe tiède.

††† Version « famille »
Déposez au centre de chaque bol une quenelle de fromage frais.

VELOUTÉ DE POIVRONS ROUGES

> **Phase 1**

Ingrédients : 3 poivrons rouges, 2 gousses d'ail, une dizaine de feuilles de basilic, 100 g de fromage blanc à 0 %, 1 cuillère à soupe d'huile d'olive, sel, poivre.

Préchauffez votre four à 180 °C (thermostat 6).

Lavez les poivrons, coupez-les en quatre, ôtez les pépins et les membranes blanches. Emballez les morceaux dans une grande feuille de papier aluminium. Enfournez et laissez cuire pendant 40 à 45 minutes environ.

Pelez et hachez les gousses d'ail. Lavez et ciselez les feuilles de basilic.

Sortez les papillotes de poivrons du four, laissez-les refroidir quelques minutes avant de les ouvrir. Enlevez la peau des poivrons à l'aide d'une lame de couteau (elle doit se décoller facilement).

Mixez finement les poivrons avec l'huile d'olive, le fromage blanc et le basilic. Ajoutez au besoin un peu d'eau pour rendre le velouté moins épais. Salez et poivrez.

Réservez le velouté au frais pendant au moins 4 heures. Servez bien froid.

Version « famille »

Servez avec des gressins sur lesquels vous aurez enroulé de fines lamelles de jambon de Bayonne.

GASPACHO DE LÉGUMES D'ÉTÉ

> **Phase 1**

Ingrédients : *10 tomates roma, 1 concombre, 1 poivron rouge, 1 branche de céleri, 1 oignon, 2 gousses d'ail, 2 cuillères à soupe d'huile d'olive, 1 cube de bouillon de volaille dégraissé, vinaigre de vin, sel, poivre.*

Portez à ébullition un grand volume d'eau. Plongez-y les tomates 30 secondes. Égouttez-les puis pelez-les. Réservez-en deux et coupez les autres en dés.

Épluchez le concombre. Ouvrez-le, ôtez les pépins et détaillez la chair en dés.

Lavez le poivron. Ouvrez-le en deux, ôtez les pépins et les membranes blanches puis taillez-le en cubes.

Lavez la branche de céleri et coupez-la en tronçons.

Épluchez et émincez l'oignon et l'ail.

Rassemblez tous les légumes dans un saladier. Salez légèrement et poivrez. Ajoutez l'huile d'olive et mélangez. Laissez reposer au frais toute une nuit.

Le lendemain, délayez le cube de bouillon dans 30 cl d'eau bouillante. Laissez refroidir.

Mixez les légumes avec le bouillon de volaille. Ajoutez un trait de vinaigre de vin. Remettez au frais.

Au moment de servir, découpez les 2 tomates restantes en tout petits dés. Répartissez le gaspacho dans des assiettes creuses et décorez avec les dés de tomates.

👪 Version « famille »

Accompagnez ce gaspacho de pain toasté et frotté d'ail.

Soupe tomates-courgettes-curry

Phase 1

Ingrédients : *3 courgettes bio, 3 tomates bien mûres, 1 oignon, 1 cube de bouillon de volaille dégraissé, 4 cuillères à soupe de fromage blanc à 0 %, 1 cuillère à soupe d'huile d'olive, 1 cuillère à café de curry en poudre, sel, poivre.*

Pelez et émincez l'oignon.

Lavez les courgettes et coupez-les en dés, sans les éplucher.

Faites bouillir un grand volume d'eau. Plongez-y les tomates pendant 30 secondes puis égouttez-les et pelez-les. Coupez-les en dés.

Dans une marmite, faites chauffer l'huile d'olive. Ajoutez l'oignon et faites-le revenir pendant 2 à 3 minutes. Incorporez les dés de courgettes et de tomates.

Ajoutez 1 litre d'eau et le cube de bouillon. Portez à ébullition puis baissez le feu et laissez frémir pendant 15 minutes environ.

Mixez les légumes avec le curry. Salez légèrement et poivrez.

→

Servez tiède, accompagné d'une cuillère à soupe de fromage blanc par bol.

Version « famille »

Remplacez le fromage blanc par de la crème fraîche épaisse.

Soupe de haricots verts aux herbes

Phase 1

Ingrédients : 800 g de haricots verts, 2 gousses d'ail, 1 cube de bouillon de légumes, ½ bouquet de ciboulette, 2 cuillères à soupe de fromage blanc à 0 %, 1 cuillère à soupe d'huile d'olive, sel, poivre.

Pelez et émincez l'ail. Lavez et équeutez les haricots verts.

Dans une marmite, faites chauffer l'huile d'olive. Ajoutez l'ail et faites revenir 2 minutes à feu doux.

Diluez le cube de bouillon dans 1,5 litre d'eau bouillante. Versez dans la marmite et portez à ébullition.

Une fois que l'eau bout, ajoutez les haricots verts et laissez frémir 20 minutes environ à feu doux.

Lavez la ciboulette. Gardez-en quelques brins pour le décor, et ciselez le reste.

Mixez les haricots verts avec la ciboulette, le fromage blanc et une partie du jus de cuisson jusqu'à obtenir la consistance désirée. Salez légèrement et poivrez.

Servez tiède, décoré des brins de ciboulette restants.

Version « famille »

Ajoutez dans chaque bol une quenelle de fromage frais aux herbes, type Tartare.

Soupe aux choux nouveaux

> **Phase 1**

Ingrédients : *3 choux nouveaux, 3 carottes, 1 poireau, 1 oignon, 1 gousse d'ail, 1 botte de persil plat, 1 cube de bouillon de volaille dégraissé, 1 cuillère à soupe d'huile d'olive, 1 branche de thym, sel, poivre.*

Ouvrez les choux en quatre et coupez-les en fines lanières. Rincez-les rapidement à l'eau froide.

Épluchez les carottes et coupez-les en rondelles.

Nettoyez le poireau, émincez le blanc et la partie tendre du vert.

Pelez et émincez l'oignon et l'ail.

Dans une marmite, faites chauffer l'huile d'olive. Ajoutez l'oignon, l'ail et le poireau et laissez-les revenir 5 minutes à feu doux.

Incorporez les carottes et les lanières de chou. Versez 1,5 litre d'eau, et ajoutez le cube de bouillon et le thym. Portez à ébullition puis baissez le feu et laissez cuire 30 minutes.

Lavez et ciselez le persil. Ajoutez-le dans la marmite. Salez légèrement, poivrez et servez immédiatement cette soupe non mixée.

 Le conseil en +

Les choux nouveaux se trouvent sur les marchés au début du printemps. Très tendres, d'une jolie couleur vert clair, ils sont plus petits que les traditionnels choux verts... mais plus gros que les choux de Bruxelles.

POTAGE DE LÉGUMES PROVENÇAUX

Phase 1

Ingrédients : *4 tomates, 3 courgettes bio, 2 carottes, 1 fenouil, 1 branche de céleri, 1 oignon, 1 gousse d'ail, quelques feuilles de basilic, 1 cuillère à soupe d'huile d'olive, sel, poivre.*

Portez à ébullition un grand volume d'eau. Plongez-y les tomates pendant 30 secondes. Égouttez-les et pelez-les. Coupez-les en dés.

Lavez les courgettes et coupez-les en dés sans les éplucher.

Lavez et pelez les carottes, coupez-les en rondelles.

Lavez le fenouil et le céleri, et coupez-les en morceaux.

Épluchez et émincez l'oignon et l'ail.

Faites chauffer l'huile d'olive dans une grande marmite. Ajoutez l'oignon et l'ail émincés. Faites-les revenir pendant 2 à 3 minutes à feu doux.

Ajoutez les légumes, couvrez d'eau à hauteur et portez à ébullition. Puis baissez le feu et laissez frémir pendant 20 minutes environ.

Lavez et ciselez le basilic.

Mixez les légumes avec une partie du jus de cuisson jusqu'à obtenir la consistance désirée.

→

Réchauffez à feu doux si nécessaire et servez, décoré de basilic ciselé.

> 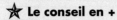 **Le conseil en +**
>
> Vous pouvez servir cette soupe telle quelle, non mixée.

LES SOUPES D'ÉTÉ

VELOUTÉ D'ASPERGES VERTES À LA CORIANDRE FRAÎCHE

> **Phase 1**

Ingrédients : 700 g d'asperges vertes, 1 courgette bio, ½ bouquet de coriandre, 1 cube de bouillon de volaille dégraissé, 2 cuillères à soupe de Maïzena, sel, poivre.

Lavez les asperges, épluchez-les et coupez-les en tronçons.

Lavez la courgette et détaillez-la en dés sans la peler.

Dans une marmite, versez 1,5 litre d'eau et le cube de bouillon. Portez à ébullition et ajoutez les asperges et la courgette. Baissez le feu et laissez frémir pendant 20 minutes environ.

Mixez les légumes avec le jus de cuisson, salez légèrement et poivrez. Reversez le velouté dans la marmite.

Dans un bol, délayez la Maïzena dans 2 cuillères à soupe d'eau froide et versez le mélange dans le velouté. Faites épaissir à feu doux pendant quelques minutes en remuant souvent.

Lavez et ciselez la coriandre.

Réchauffez à feu doux si nécessaire et servez bien chaud décoré de coriandre ciselée.

> **Version « famille »**
>
> Ajoutez dans chaque bol une portion de fromage frais type Carré frais.

SOUPE FENOUIL-COURGETTES

Phase 1

Ingrédients : *3 fenouils, 2 courgettes bio, 1 oignon, 1 cuillère à soupe d'huile d'olive, 1 cube de bouillon de légumes, sel, poivre.*

Lavez les fenouils, et coupez-les en morceaux.

Pelez et émincez l'oignon.

Faites chauffer l'huile d'olive dans une marmite. Ajoutez l'oignon et les fenouils. Faites revenir à feu doux pendant 10 minutes environ.

Pendant ce temps, lavez les courgettes et détaillez-les en dés sans les éplucher.

Versez les courgettes dans la marmite. Couvrez d'eau à hauteur et ajoutez le cube de bouillon. Portez à ébullition et laissez cuire pendant 30 minutes environ.

Mixez la soupe très finement. Salez légèrement et poivrez.

Réchauffez à feu doux si nécessaire et servez.

Version « famille »

Ajoutez dans chaque bol une ou deux portions de fromage fondu type Kiri ou Vache qui rit.

LES SOUPES D'ÉTÉ

SOUPE CHINOISE AUX LÉGUMES CROQUANTS

Phase 1

Ingrédients : *2 poivrons rouges, 1 poivron vert, 3 carottes, 1 gros oignon, 200 g de germes de soja, 1 cube de bouillon de légumes, 1 pincée de piment, 1 cuillère à soupe de sauce soja, 1 cuillère à soupe d'huile de colza, poivre.*

Lavez les poivrons. Ouvrez-les, ôtez les pépins et les membranes blanches. Détaillez-les en fines lanières.

Pelez l'oignon et émincez-le.

Lavez et épluchez les carottes. Découpez-les en fins bâtonnets.

Dans une marmite, faites chauffer l'huile de colza. Ajoutez l'oignon et laissez-le revenir 5 minutes à feu doux.

Incorporez les lanières de poivrons, faites cuire 5 minutes à feu moyen en remuant souvent.

Délayez le cube de bouillon dans 1,5 litre d'eau bouillante. Versez dans la marmite et portez à ébullition puis baissez le feu et ajoutez les bâtonnets de carottes. Laissez frémir pendant 7 à 8 minutes.

→

Lavez les germes de soja et versez-les dans la marmite. Ajoutez la sauce soja, le piment et poivrez. Laissez cuire encore 2 à 3 minutes. Vérifiez la cuisson des légumes : ils doivent être encore croquants.

Servez bien chaud.

Version « famille »

Ajoutez quelques raviolis chinois que vous ferez cuire directement dans le bouillon pendant quelques minutes.

Velouté d'asperges blanches

> **Phase 1**

Ingrédients : *700 g d'asperges blanches, 1 cube de bouillon de volaille dégraissé, 1 cuillère à soupe de farine, 1 noix de beurre, sel, poivre.*

Lavez et épluchez les asperges. Coupez-les en tronçons.

Versez 1,5 litre d'eau dans une marmite. Ajoutez le cube de bouillon et portez à ébullition. Quant l'eau bout, ajoutez les asperges puis baissez le feu et laissez cuire pendant 20 minutes environ.

Mixez les asperges avec une partie du jus de cuisson jusqu'à obtenir la consistance voulue. Salez légèrement et poivrez.

Faites fondre la noix de beurre dans la marmite, ajoutez la farine, et mélangez bien. Reversez le velouté d'asperges. Faites cuire à feu doux pendant 10 minutes en remuant : le velouté va épaissir. Servez chaud.

Version « famille »
Ajoutez dans chaque bol des lamelles de jambon cru et des copeaux de parmesan.

VELOUTÉ DE COURGETTES À L'AIL

> **Phase 1**

Ingrédients : 5 courgettes bio, 30 cl de lait écrémé, 3 gousses d'ail, 1 oignon, 3 feuilles de laurier, sel, poivre.

Rincez les courgettes et coupez-les en dés sans les éplucher.

Pelez l'ail et l'oignon. Coupez-les en morceaux.

Déposez les courgettes, l'ail et l'oignon dans le panier du cuit-vapeur. Ajoutez le laurier. Faites cuire pendant 10 minutes.

Enlevez les feuilles de laurier et mixez les légumes avec le lait. Salez légèrement et poivrez.

Réchauffez tout doucement et servez.

> **Version « famille »**
>
> Dans chaque bol, ajoutez une portion de fromage fondu, type Vache qui rit ou Kiri.

LES SOUPES D'ÉTÉ

POTAGE TOUT VERT

> Phase 1

Ingrédients : 2 poireaux, 1 laitue, 400 g d'oseille, ½ bouquet de cerfeuil frais, 1 oignon, 1 cube de bouillon de légumes, 1 cuillère à soupe d'huile d'olive, 1 jaune d'œuf, sel, poivre.

Nettoyez et émincez les blancs des poireaux, ainsi que la partie tendre des verts.

Lavez la laitue, l'oseille et le cerfeuil. Hachez-les grossièrement.

Pelez et émincez l'oignon.

Dans une marmite, faites chauffer l'huile d'olive. Ajoutez l'oignon et les poireaux. Laissez revenir 10 minutes à feu doux, en remuant souvent.

Ajoutez la laitue et les herbes hachées. Faites fondre à feu doux pendant 5 minutes.

Délayez le cube de bouillon dans 1,5 litre d'eau. Versez dans la marmite. Portez à ébullition puis laissez cuire pendant 20 minutes.

Hors du feu, ajoutez le jaune d'œuf battu et mélangez immédiatement. Salez légèrement et poivrez. Servez bien chaud.

Version « famille »
Servez avec des grandes tartines de pain grillées et frottées d'ail.

VELOUTÉ GLACÉ DE CONCOMBRES À LA MENTHE

> **Phase 1**

Ingrédients : 3 concombres, ½ bouquet de menthe fraîche, 1 citron, 200 g de fromage blanc à 0 %, sel, poivre.

Épluchez les concombres, épépinez-les et coupez-les en dés.

Lavez et effeuillez la menthe. Hachez-la grossièrement.

Pressez le citron et récupérez le jus.

Mixez les concombres avec la menthe, le jus de citron et le fromage blanc. Salez légèrement et poivrez.

Mettez au frais pendant au moins 2 heures avant de servir.

 Le conseil en +

Ce velouté est meilleur bien glacé. Au moment de servir, ajoutez dans chaque bol un glaçon.

Les soupes d'été

Soupe courgettes-carottes-brocolis

> **Phase 1**

Ingrédients : *2 courgettes bio, 3 carottes, 1 brocoli, 2 gousses d'ail, 2 échalotes, 1 cuillère à soupe d'huile d'olive, 1 cuillère à soupe de crème fraîche allégée, 1 cube de bouillon de volaille dégraissé, quelques branches de persil, sel, poivre.*

Lavez les courgettes et coupez-les en dés sans les peler.

Lavez et épluchez les carottes, coupez-les en rondelles.

Détaillez le brocoli en petits bouquets et passez-les sous l'eau.

Pelez et émincez l'ail et les échalotes.

Faites chauffer l'huile dans une marmite. Ajoutez l'ail et les échalotes, faites-les revenir pendant 2 minutes à feu doux.

Ajoutez les courgettes, les carottes et les bouquets de brocoli. Couvrez d'eau à hauteur, et ajoutez le cube de bouillon. Portez à ébullition puis baissez le feu et laissez frémir 15 minutes.

Pendant ce temps, lavez et effeuillez le persil.

Mixez les légumes avec la crème fraîche et une partie du jus de cuisson jusqu'à obtenir la consistance désirée. Salez légèrement et poivrez.

→

Réchauffez à feu doux si nécessaire, et servez décoré de persil.

♟♟ Version « famille »

Découpez 100 g de bleu en petits cubes, et parsemez-en la soupe bien chaude : ils vont fondre et la parfumer !

Les soupes d'été

VELOUTÉ FROID DE CAROTTES AU CUMIN

> **Phase 1**

Ingrédients : 12 carottes, 100 g de fromage blanc à 0 %, 1 cube de bouillon de volaille dégraissé, ½ cuillère à café de cumin, quelques brins de persil plat, sel, poivre.

Lavez et épluchez les carottes. Coupez-les en rondelles.

Dans une marmite, versez 1 litre d'eau et ajoutez le cube de bouillon. Portez à ébullition puis ajoutez les carottes. Baissez le feu et laissez frémir pendant 15 à 20 minutes. Vérifiez la cuisson : les carottes doivent être bien fondantes.

Mixez les carottes avec le fromage blanc, le cumin et une partie du jus de cuisson jusqu'à obtenir la consistance voulue. Salez légèrement et poivrez.

Laissez refroidir puis mettez cette soupe au réfrigérateur pendant au moins deux heures.

Lavez et ciselez le persil.

Servez la soupe froide, décorée de persil ciselé.

> **Version « famille »**
>
> Découpez des tranches de pain de campagne en mouillettes. Faites-les revenir quelques secondes dans une poêle avec de l'huile d'olive et disposez sur les bols remplis de ce velouté.

VELOUTÉ FRAIS DE BROCOLI AU BASILIC

> **Phase 1**

Ingrédients : 1 brocoli, 2 courgettes bio, 1 oignon, 1 cube de bouillon de légumes, 1 bouquet de basilic, 2 cuillères à soupe de fromage blanc à 0 %, sel, poivre.

Détaillez le brocoli en petits bouquets et passez-les sous l'eau.

Lavez les courgettes et coupez-les en dés sans les éplucher.

Pelez et émincez l'oignon.

Versez 1,5 litre d'eau dans une marmite, ajoutez le cube de bouillon de légumes. Portez à ébullition puis ajoutez les dés de courgettes et les bouquets de brocoli. Laissez cuire 15 minutes environ.

Lavez le basilic, réservez-en quelques feuilles pour le décor et hachez le reste grossièrement.

Mixez les légumes avec le basilic haché, le fromage blanc et une partie du jus de cuisson jusqu'à obtenir la consistance désirée. Salez légèrement et poivrez. Laissez refroidir puis mettez au frais au moins 1 heure.

Servez bien frais, décoré de quelques feuilles de basilic.

> **Version « famille »**
>
> Détaillez 50 g de bleu en petits dés, et parsemez-les sur le velouté avant de servir.

SOUPE AUX LÉGUMES AL DENTE

Phase 1

Ingrédients : 1 brocoli, 3 carottes, 3 tomates, 1 poivron rouge, 2 branches de céleri, 1 oignon, quelques brins de persil, 1 cube de bouillon de légumes, 1 cuillère à soupe d'huile d'olive, sel, poivre.

Faites chauffer un grand volume d'eau. Plongez-y les tomates 30 secondes, égouttez-les et pelez-les. Coupez-les en dés.

Séparez le brocoli en petits bouquets et rincez-les rapidement.

Lavez et épluchez les carottes. Coupez-les en rondelles.

Lavez le poivron. Ouvrez-le, ôtez les pépins et les membranes blanches. Détaillez-le en fines lanières.

Lavez les branches de céleri et coupez-les en petits tronçons.

Pelez et émincez l'oignon.

Dans une marmite, faites chauffer l'huile d'olive. Ajoutez l'oignon et laissez-le revenir pendant 5 minutes à feu doux. Ajoutez le reste des légumes : brocoli, carottes, poivron, céleri et tomates.

→

Mouillez d'eau à hauteur, ajoutez le cube de bouillon. Salez légèrement et poivrez. Portez à ébullition puis baissez le feu et laissez cuire 15 minutes environ.

Pendant ce temps, lavez et ciselez le persil.

Servez bien chaud, décoré de persil ciselé.

★ Le conseil en +

Testez la cuisson des légumes en goûtant un morceau de carotte : il doit être cuit, mais encore légèrement croquant.

LES SOUPES D'ÉTÉ

VELOUTÉ FENOUIL-CAROTTES

> **Phase 1**

Ingrédients : 3 fenouils, 4 carottes nouvelles, ½ cuillère à café de cumin, 1 cube de bouillon de volaille, sel, poivre.

Coupez les fenouils en morceaux et rincez-les.

Lavez et épluchez les carottes. Coupez-les en rondelles.

Mettez les légumes dans une marmite et couvrez d'eau à hauteur. Ajoutez le cube de bouillon, salez légèrement et poivrez. Ajoutez le cumin. Portez à ébullition. Baissez le feu et laissez cuire 25 minutes.

Mixez les légumes avec une partie du jus de cuisson, jusqu'à obtenir la consistance désirée.

Réchauffez à feu doux si nécessaire et servez.

Version « famille »

Ajoutez dans chaque bol une grosse cuillère à soupe de crème fraîche.

CRÈME DE CHOU-FLEUR FROIDE

> **Phase 1**

 Ingrédients : *700 g de chou-fleur, ½ bouquet de ciboulette, 200 g de fromage blanc à 0 %, 1 cube de bouillon de volaille, 1 pincée de noix de muscade, sel, poivre.*

Séparez le chou-fleur en bouquets et rincez-les.

Dans une marmite, versez 1,5 litre d'eau et le cube de bouillon. Portez à ébullition.

Quand l'eau bout, jetez-y les bouquets de chou-fleur. Baissez le feu et laissez frémir pendant 15 minutes environ.

Mixez les légumes avec la noix de muscade et une partie du jus de cuisson : le potage doit être lisse et un peu liquide. Salez légèrement et poivrez. Laissez refroidir puis mettez au frais pendant au moins 2 heures.

Lavez et ciselez la ciboulette.

Au moment de servir, ajoutez le fromage blanc dans la crème de chou-fleur en battant à l'aide d'un fouet. Décorez avec la ciboulette.

Version « famille »
Ajoutez dans chaque bol une quenelle de fromage frais aux herbes.

LES SOUPES D'ÉTÉ

SOUPE PAYSANNE AU FENOUIL ET BROCOLI

Phase 1

Ingrédients : *1 fenouil, 1 petit brocoli, 3 tomates, 2 carottes, 1 blanc de poireau, 1 oignon, 1 cuillère à soupe d'huile d'olive, 1 cube de bouillon de volaille dégraissé, 2 feuilles de laurier, 2 branches de thym frais, sel, poivre.*

Coupez le fenouil en morceaux et rincez-les à l'eau.

Détaillez le brocoli en petits bouquets et passez-les sous l'eau.

Portez à ébullition un grand volume d'eau. Plongez-y les tomates 30 secondes. Puis égouttez-les et pelez-les. Coupez-les en dés.

Lavez et épluchez les carottes, coupez-les en rondelles.

Nettoyez le poireau et émincez-le finement.

Pelez l'oignon et émincez-le.

Dans une marmite, faites chauffer l'huile d'olive. Ajoutez l'oignon et laissez-le revenir pendant 5 minutes à feu doux. Incorporez le fenouil, les tomates, les carottes et le poireau. Couvrez d'eau à hauteur, ajoutez le cube de bouillon, le laurier et le thym. Salez légèrement et poivrez. Portez à ébullition puis laissez cuire à feu doux pendant 10 minutes.

→

Ajoutez les bouquets de brocoli, et laissez cuire encore 10 minutes.

Ôtez le thym et le laurier, et servez cette soupe telle quelle, non mixée.

Version « famille »

Ajoutez des lamelles de parmesan.

Soupe froide de légumes, sans cuisson

> **Phase 1**

Ingrédients : *4 tomates, 1 concombre, 2 poivrons rouges, 1 branche de céleri, 2 oignons, 2 gousses d'ail, 200 g de fromage blanc à 0 %, quelques brins de persil plat, quelques feuilles de basilic, sel, poivre.*

Faites bouillir un grand volume d'eau. Plongez-y les tomates 30 secondes. Égouttez-les, pelez-les et coupez-les en morceaux.

Lavez le céleri et coupez-le en tronçons.

Lavez les poivrons, ouvrez-les. Enlevez les pépins et les membranes blanches. Détaillez la chair en dés.

Épluchez le concombre, épépinez-le et coupez-le en morceaux.

Pelez et émincez l'ail et les oignons.

Rincez les herbes.

Mixez les tomates, le concombre, les poivrons, le céleri, l'ail et les oignons avec le fromage blanc et les herbes. Ajoutez un peu d'eau jusqu'à obtenir la consistance désirée. Salez légèrement et poivrez.

Mettez au frais pendant au moins 1 heure avant de servir.

Version « famille »

Servez accompagné de grandes tranches de pain de campagne grillées tartinées de chèvre frais.

Soupes brûle-graisses

Velouté oseille-épinards

> **Phase 1**

Ingrédients : 400 g d'oseille fraîche, 1 kg d'épinards frais, 1 botte de persil plat, 2 oignons, 1 cuillère à soupe de farine, 1 cuillère à soupe d'huile d'olive, 2 cubes de bouillon de volaille dégraissé, 2 cuillères à soupe de lait concentré non sucré, sel, poivre.

Pelez et émincez les oignons.

Lavez et hachez grossièrement l'oseille, les épinards et le persil.

Faites fondre les cubes de bouillon dans 1 litre d'eau bouillante.

Faites chauffer l'huile d'olive dans une marmite. Ajoutez les oignons et laissez-les revenir 5 minutes à feu doux, en remuant de temps en temps.

Incorporez la farine et mélangez bien. Puis versez le bouillon en remuant sans cesse, et ajoutez l'oseille, les épinards et le persil hachés. Laissez cuire 10 à 15 minutes à feu doux.

Mixez la soupe avec le lait concentré. Salez légèrement et poivrez.

Réchauffez si nécessaire et servez.

> **Version « famille »**
> Ajoutez du gruyère râpé et des dés de jambon blanc.

SOUPE DE TOMATES AUX DÉS DE POIVRON ROUGE

Phase 1

Ingrédients : 1 kg de tomates, 1 poivron rouge, 1 branche de céleri, 1 oignon, 2 gousses d'ail, 2 feuilles de laurier, 1 cube de bouillon de volaille dégraissé, quelques feuilles de basilic, sel, poivre.

Faites bouillir un grand volume d'eau. Plongez-y les tomates 30 secondes. Égouttez-les, pelez-les et coupez-les en morceaux.

Lavez le céleri et coupez-le en tronçons.

Pelez et émincez l'oignon et l'ail.

Mettez les tomates, le céleri, l'oignon, l'ail et les feuilles de laurier dans une marmite. Ajoutez 1 litre d'eau et le cube de bouillon. Portez à ébullition puis baissez le feu et laissez cuire 20 minutes.

Pendant ce temps, faites chauffer le gril de votre four. Lavez le poivron. Coupez-le en quatre, enlevez les pépins et les parties blanches. Déposez les morceaux de poivron, peau au-dessus, dans la lèchefrite, et faites-les griller pendant 5 à 6 minutes : la peau doit devenir noire. Enlevez cette peau et coupez la chair des poivrons en petits dés. Réservez.

Lavez et ciselez le basilic.

→

Ôtez le laurier de la marmite et mixez les légumes cuits avec une partie du jus de cuisson, jusqu'à obtenir la consistance désirée. Salez légèrement et poivrez.

Versez dans des bols et parsemez de dés de poivron grillé et de basilic ciselé.

 Astuce !

Choisissez des tomates bien mûres, et riches en goût comme les Roma.

Les soupes d'été

Velouté de carottes à la coriandre fraîche

Phase 1

Ingrédients : *800 g de carottes, 1 courgette, 1 bouquet de coriandre fraîche, 1 cuillère à café de coriandre en graines, 1 oignon, 1 gousse d'ail, 1 cuillère à soupe d'huile d'olive, 1 cube de bouillon de légumes, sel, poivre.*

Pelez et émincez l'oignon et l'ail.

Lavez et épluchez les carottes et la courgette. Coupez-les en rondelles.

Dans une marmite, faites chauffer l'huile d'olive. Ajoutez l'oignon et laissez-le revenir pendant 5 minutes à feu doux.

Versez l'ail, les carottes et la courgette. Recouvrez d'eau à hauteur, ajoutez le cube de bouillon et les graines de coriandre. Portez à ébullition, puis baissez le feu et laissez cuire 20 minutes.

Pendant ce temps, lavez la coriandre fraîche.

Mixez les légumes avec la coriandre fraîche (gardez-en quelques feuilles pour le décor). Salez légèrement et poivrez. Servez.

 Le conseil en +

Cette soupe se déguste tiède de préférence. Pour conserver tous les bienfaits des herbes fraîches, mixez la soupe avec la coriandre fraîche juste avant de servir.

Soupes brûle-graisses

BOUILLON DE LÉGUMES D'ÉTÉ

Phase 1

Ingrédients : *3 carottes, 6 tomates, 200 g de champignons de Paris, 2 branches de céleri, 1 blanc de poireau, 1 botte de persil, 1 cube de bouillon de volaille dégraissé, sel, poivre.*

Épluchez les carottes et coupez-les en fins bâtonnets.

Lavez le céleri et coupez-les en fins tronçons.

Nettoyez le blanc de poireau et émincez-le finement.

Dans une marmite, versez 1,5 litre d'eau et le cube de bouillon. Portez à ébullition puis ajoutez les carottes, le céleri et le poireau. Laissez cuire 10 minutes.

Pendant ce temps, lavez les tomates, épépinez-les et coupez-les en dés.

Nettoyez les champignons et émincez-les finement.

Ajoutez les tomates et les champignons dans la marmite. Laissez cuire encore 5 minutes.

Lavez et ciselez le persil. Hors du feu, ajoutez-le dans le bouillon. Salez légèrement et poivrez. Servez la soupe telle quelle, non mixée.

> **Le conseil en +**
>
> Le temps de cuisson des légumes dépend de la taille de leur coupe : plus ils sont fins, plus ils cuiront rapidement. L'objectif est qu'ils soient encore un peu croquants. N'hésitez pas à vérifier la cuisson !

LES SOUPES D'ÉTÉ

POTAGE FENOUIL-POIVRON

> **Phase 1**

Ingrédients : 2 fenouils, 1 poivron rouge, 4 tomates, 2 carottes, 2 oignons, 2 gousses d'ail, 1 cuillère à soupe d'huile d'olive, 1 cube de bouillon de volaille dégraissé, sel, poivre.

Faites bouillir un grand volume d'eau. Plongez-y les tomates 30 secondes. Égouttez-les, pelez-les et coupez-les en morceaux.

Coupez les fenouils en morceaux et rincez-les rapidement à l'eau.

Lavez le poivron. Ouvrez-le, enlevez les pépins et les membranes blanches et découpez-le en lanières.

Lavez et épluchez les carottes, coupez-les en rondelles.

Pelez et émincez les oignons et l'ail.

Dans une marmite, faites chauffer l'huile d'olive. Ajoutez l'oignon et l'ail et laissez-les revenir 5 minutes à feu doux.

Ajoutez les fenouils, le poivron, les carottes, les tomates et le cube de bouillon. Mouillez d'eau à hauteur. Portez à ébullition puis baissez le feu et laissez cuire 40 minutes.

Mixez les légumes avec une partie de jus de cuisson, jusqu'à obtenir la consistance désirée. Salez légèrement et poivrez. Servez.

> **Le conseil en +**
> Cette soupe peut se servir chaude, tiède ou froide.

Soupes brûle-graisses

POTAGE PROVENÇAL AU FENOUIL

> **Phase 2**

Ingrédients : 1 fenouil, 3 tomates, 3 pommes de terre, 2 carottes, 1 oignon, 2 gousses d'ail, 1 cube de bouillon aux herbes, 1 cuillère à soupe d'huile d'olive, sel, poivre.

Faites bouillir un grand volume d'eau. Plongez-y les tomates 30 secondes. Égouttez-les, pelez-les et coupez-les en morceaux.

Détaillez le fenouil en morceaux et rincez-les.

Épluchez les pommes de terre et les carottes, et coupez-les en morceaux.

Pelez et émincez l'oignon et l'ail.

Dans une marmite, faites chauffer l'huile d'olive. Ajoutez l'oignon et l'ail, et faites-les revenir pendant 5 minutes à feu doux. Ajoutez le reste des légumes et laissez-les suer pendant 5 minutes environ.

Couvrez d'eau bouillante à hauteur, ajoutez le cube de bouillon. Portez à ébullition puis baissez le feu et laissez cuire 30 minutes.

Mixez les légumes avec une partie du jus de cuisson, jusqu'à obtenir la consistance désirée. Salez légèrement et poivrez.

Réchauffez la soupe à feu doux si nécessaire, et servez.

> **Le conseil en +**
> Vous pouvez aussi servir cette soupe non mixée.

VELOUTÉ GLACÉ DE PETITS POIS À LA MENTHE

Phase 2

Ingrédients : 600 g de petits pois, 2 pommes de terre, 1 oignon, quelques brins de menthe, quelques brins de persil plat, 1 cuillère à soupe d'huile d'olive, 1 yaourt nature, 1 cube de bouillon de légumes, sel, poivre.

Épluchez et émincez l'oignon.

Écossez les petits pois et rincez-les.

Pelez les pommes de terre et coupez-les en dés.

Faites chauffer l'huile d'olive dans une marmite. Ajoutez l'oignon et faites-le revenir pendant 5 minutes. Ajoutez les petits pois et les pommes de terre. Couvrez d'eau à hauteur et ajoutez le cube de bouillon. Portez à ébullition puis baissez le feu et laissez frémir pendant 30 minutes.

Lavez la menthe et le persil. Gardez-en quelques feuilles pour la décoration, et hachez le reste grossièrement.

Laissez refroidir complètement la soupe avant de mixer les légumes avec le yaourt et les herbes. Ajoutez une partie du bouillon jusqu'à obtenir la consistance désirée. Salez légèrement et poivrez. Mettez au frais jusqu'au moment de servir.

→

Répartissez la soupe dans des bols, et décorez avec les feuilles de menthe et de persil restantes.

⭐ Le conseil en +

Dosez la quantité de menthe en fonction de vos goûts, mais n'en mettez pas trop pour ne pas « tuer » les autres goûts.

POTAGE DE LENTILLES AUX COURGETTES

> **Phase 2**

Ingrédients : *3 courgettes bio, 200 g de lentilles vertes, 1 oignon, 3 gousses d'ail, 1 cube de bouillon de volaille dégraissé, 1 cuillère à soupe d'huile d'olive, quelques feuilles de laurier, sel, poivre.*

Pelez et émincez l'oignon et l'ail.

Lavez les courgettes et coupez-les en gros cubes sans les éplucher.

Rincez les lentilles.

Dans une marmite, faites chauffer l'huile d'olive. Ajoutez l'oignon et l'ail et faites-les revenir quelques minutes à feu doux. Versez les lentilles, 2 litres d'eau, le laurier et le cube de bouillon. Portez à ébullition puis baissez le feu et laissez cuire 30 minutes.

Ajoutez les dés de courgettes, et laissez cuire encore 10 minutes.

Enlevez les feuilles de laurier, mixez les légumes avec une partie du jus de cuisson, jusqu'à obtenir la consistance désirée. Salez légèrement et poivrez.

Réchauffez à feu doux si nécessaire et servez.

> **Version « famille »**
>
> Faites revenir à la poêle, sans matière grasse, quelques tranches de lard que vous disposerez sur les bols.

Velouté de fanes de radis au basilic

> **Phase 2**

Ingrédients : *les fanes de 2 bottes de radis, 2 petites pommes de terre, 1 gousse d'ail, quelques feuilles de basilic, 1 cube de bouillon de légumes, 4 cuillères à soupe de fromage blanc à 0 %, sel, poivre.*

Rincez soigneusement les fanes de radis.

Épluchez les pommes de terre et coupez-les en morceaux. Mettez-les dans une marmite.

Ajoutez 1,5 litre d'eau et le cube de bouillon. Portez à ébullition. Dès que l'eau bout, ajoutez les fanes de radis et laissez cuire à feu doux pendant 20 minutes.

Lavez le basilic et hachez-le grossièrement. Pelez et émincez l'ail.

Mixez les fanes de radis avec le basilic, l'ail et une partie du jus de cuisson, jusqu'à obtenir la consistance désirée. Salez légèrement et poivrez.

Réchauffez à feu doux et servez, accompagné d'une cuillère à soupe de fromage blanc.

> **Version « famille »**
> Remplacez le fromage blanc par de la crème fraîche.

Soupe de légumes nouveaux

> **Phase 2**

Ingrédients : *3 carottes nouvelles, 3 navets nouveaux, 3 pommes de terre nouvelles, 200 g de petits pois frais, 100 g de haricots verts, ½ chou-fleur, 5 petits oignons nouveaux, 1 cube de bouillon de volaille dégraissé, ½ botte de persil, sel, poivre.*

Lavez et épluchez les carottes, coupez-les en fines rondelles.

Pelez les navets et les pommes de terre et coupez-les en dés.

Équeutez les haricots verts et coupez-les en tronçons de 3 à 4 cm. Rincez-les.

Écossez les petits pois et passez-les sous l'eau.

Détaillez le chou-fleur en petits bouquets et rincez-les.

Épluchez les petits oignons et coupez-les en deux.

Dans une marmite, versez 2 litres d'eau et le cube de bouillon. Portez à ébullition. Ajoutez tous les légumes et laissez-les cuire 12 à 15 minutes. Sale légèrement et poivrez.

Lavez et ciselez le persil.

Répartissez la soupe dans les bols, et décorez de persil ciselé.

Le conseil en +

N'hésitez pas à goûter les légumes au cours de la cuisson : ils doivent être cuits mais encore un peu croquants.

SOUPE DE PETITS POIS

Phase 2

Ingrédients : 200 g de petits pois, 3 carottes, 3 pommes de terre, 1 blanc de poireau, 1 oignon, 1 gousse d'ail, ½ bouquet de persil plat, 1 bouquet garni (thym, laurier…), 1 cube de bouillon de volaille dégraissé, 1 cuillère à soupe d'huile d'olive, sel, poivre.

Épluchez les carottes et les pommes de terre et coupez-les en dés.

Écossez les petits pois et rincez-les.

Nettoyez le poireau et émincez-le finement.

Pelez et émincez l'oignon et l'ail.

Dans une marmite, faites chauffer l'huile d'olive. Ajoutez l'oignon, l'ail et le poireau et laissez-les cuire 5 minutes à feu doux.

Ajoutez ensuite les carottes, les pommes de terre et les petits pois. Mouillez d'eau à hauteur, ajoutez le cube de bouillon et le bouquet garni. Salez légèrement et poivrez. Portez à ébullition et laissez cuire 30 minutes.

Lavez et ciselez le persil. Ôtez le bouquet garni.

Servez bien chaud, décoré de persil ciselé.

> ★ **Le conseil en +**
>
> Vous pouvez aussi servir cette soupe mixée avec un peu de crème fraîche allégée.

VELOUTÉ D'ÉPINARDS AU CURRY

Phase 2

Ingrédients : 1 kg d'épinards frais, 3 pommes de terre, 1 oignon, 2 gousses d'ail, 1 cuillère à soupe d'huile d'olive, 1 cube de bouillon de volaille dégraissé, 50 ml de lait concentré non sucré, 1 pincée de curry, sel, poivre.

Pelez et émincez l'ail et l'oignon.

Dans une marmite, chauffez l'huile d'olive. Ajoutez l'ail et l'oignon, et faites-les revenir à feu doux pendant quelques minutes.

Pelez les pommes de terre et coupez-les en gros dés. Ajoutez-les dans la marmite, couvrez avec 1,5 litre d'eau froide. Ajoutez le cube de bouillon. Portez à ébullition puis baissez le feu, et laissez cuire à petits bouillons pendant 30 minutes.

Lavez et hachez grossièrement les épinards (enlevez la partie dure et blanche). Au bout de 20 minutes, ajoutez le hachis d'épinards, laissez cuire encore 10 minutes à feu doux. Mixez les légumes avec le lait concentré, le curry et une partie du jus de cuisson, jusqu'à obtenir la consistance désirée. Salez légèrement et poivrez.

Réchauffez la soupe à feu doux et servez.

Version « famille »

Dans les bols, ajoutez une grosse cuillerée de fromage frais à l'ail et aux herbes, type Boursin.

VELOUTÉ DE LAITUE AUX HERBES D'ÉTÉ

> **Phase 2**

Ingrédients : 1 belle laitue, 3 pommes de terre, 100 g de cresson, 1 bouquet de persil plat, 1 bouquet de basilic, 1 bouquet de ciboulette, 100 g de fromage blanc à 0 %, 1 cuillère à soupe d'huile d'olive, sel, poivre.

Nettoyez la laitue. Coupez ses feuilles en fines lanières.

Dans une marmite, faites chauffer l'huile d'olive. Ajoutez les lanières de laitue et laissez fondre pendant 5 à 6 minutes, à feu doux et à couvert.

Épluchez les pommes de terre et coupez-les en dés.

Lavez et ciselez le cresson.

Ajoutez les pommes de terre et le cresson dans la marmite. Couvrez d'eau à hauteur et laissez cuire pendant 20 minutes.

Lavez et ciselez les herbes. Ajoutez-les dans la marmite, et poursuivez la cuisson pendant 5 minutes.

Mixez les légumes avec le fromage blanc et une partie du jus de cuisson jusqu'à obtenir la consistance voulue. Salez légèrement et poivrez. Servez.

☆ Le conseil en +

Servez cette soupe tiède. Ne la faites pas réchauffer une fois que vous avez ajouté le fromage blanc et les herbes fraîches.

SOUPE DE POIS CHICHES AUX CAROTTES ET ÉPINARDS

Phase 2

Ingrédients : *200 g de pois chiches, 3 carottes, 400 g d'épinards frais, 2 oignons, 2 gousses d'ail, 1 cuillère à soupe d'huile d'olive, 1 pincée de curry, sel, poivre.*

Faites tremper les pois chiches dans un grand saladier d'eau froide, pendant toute une nuit.

Le lendemain, pelez et émincez l'ail et les oignons.

Dans une marmite, faites chauffer l'huile d'olive. Ajoutez l'ail et les oignons et faites-les revenir à feu doux pendant quelques minutes, en remuant de temps en temps.

Égouttez les pois chiches et ajoutez-les dans la marmite. Couvrez d'eau à hauteur et portez à ébullition, puis baissez le feu et laissez frémir pendant 1 heure.

Épluchez les carottes et coupez-les en rondelles. Lavez les épinards et hachez-les grossièrement. Faites-les cuire à la vapeur pendant 10 minutes.

Mixez la soupe, en ajoutant un peu d'eau si la consistance vous paraît trop épaisse. Salez et poivrez, ajoutez le curry.

Versez la soupe dans une casserole, ajoutez les carottes et les épinards. Réchauffez à feu doux et servez.

Le conseil en +

Pour une texture lisse, mixez les pois chiches avec les carottes et les épinards.

Soupes brûle-graisses

Soupe aux haricots plats

> **Phase 2**

Ingrédients : 300 g de haricots plats, 6 carottes, 3 pommes de terre, 1 blanc de poireau, 1 oignon, 1 cube de bouillon de volaille dégraissé, sel, poivre.

Lavez les carottes et coupez-les en rondelles.

Épluchez les pommes de terre et détaillez-les en dés.

Nettoyez le blanc de poireau et émincez-le finement.

Pelez et émincez l'oignon.

Dans une marmite, versez l'oignon, les carottes, le poireau et les pommes de terre. Ajoutez 1,5 litre d'eau et le cube de bouillon. Portez à ébullition, puis baissez le feu et laissez frémir 20 minutes.

Lavez les haricots plats et coupez-les en tronçons de 3 à 4 cm environ. Faites-les cuire à la vapeur pendant 10 minutes.

Mixez la soupe avec une partie du jus de cuisson, jusqu'à obtenir la consistance désirée.

Faites réchauffer la soupe à feu doux, en y ajoutant les haricots plats. Salez légèrement et poivrez. Servez.

> **Version « famille »**
>
> Cinq minutes avant la fin de la cuisson, ajoutez quelques lamelles de jambon cru dans la marmite.

VELOUTÉ DE COURGETTES ET QUINOA

Phase 2

Ingrédients : *4 courgettes bio, 1 oignon, 1 gousse d'ail, 4 cuillères à soupe de quinoa, 1 cuillère à soupe d'huile d'olive, 1 cube de bouillon de volaille dégraissé, sel, poivre.*

Pelez et émincez l'oignon et l'ail.

Lavez les courgettes et coupez-les en dés sans les éplucher.

Dans une marmite, faites chauffer l'huile d'olive. Ajoutez l'ail et l'oignon et laissez-les revenir pendant 5 minutes à feu doux.

Ajoutez les courgettes et laissez cuire encore 3 à 4 minutes.

Ajoutez 1,5 litre d'eau et le cube de bouillon. Portez à ébullition. Dès que l'eau bout, versez le quinoa et laissez cuire pendant 15 minutes.

Mixez les légumes et le quinoa avec une partie du jus de cuisson, jusqu'à obtenir la consistance désirée. Salez légèrement et poivrez.

Réchauffez si besoin et servez bien chaud.

Version « famille »
Ajoutez une cuillerée de crème fraîche dans les bols.

VELOUTÉ DE FENOUIL

Phase 2

Ingrédients : *3 fenouils, 4 pommes de terre, 2 oignons, 1 cuillère à soupe d'huile d'olive, 75 ml de lait concentré non sucré, 1 cube de bouillon de volaille, sel, poivre.*

Coupez les fenouils en morceaux, et passez-les rapidement sous l'eau.

Épluchez les pommes de terre et coupez-les en dés.

Pelez les oignons et émincez-les.

Dans une marmite, faites chauffer l'huile d'olive. Ajoutez l'oignon émincé et faites-le revenir quelques minutes à feu doux.

Ajoutez ensuite les morceaux de pommes de terre et de fenouil. Couvrez d'eau à hauteur, et ajoutez le cube de bouillon. Portez à ébullition puis baissez le feu et laissez cuire 30 minutes.

Mixez les légumes avec le lait concentré et une partie du jus de cuisson, jusqu'à obtenir la consistance désirée. Salez légèrement et poivrez.

Réchauffez à feu doux si nécessaire et servez.

 Le conseil en +

Vous pouvez remplacer le lait concentré par la même quantité de crème fraîche liquide allégée.

LES SOUPES D'ÉTÉ – PHASE 2

SOUPE DE HARICOTS VERTS ET PETITS POIS

Phase 2

Ingrédients : *400 g de haricots verts, 100 g de petits pois, 2 pommes de terre, 2 carottes, 1 oignon, 2 gousses d'ail, 1 cube de bouillon de volaille dégraissé, 2 feuilles de laurier, 1 branche de thym, sel, poivre.*

Pelez et émincez l'oignon et l'ail.

Lavez et équeutez les haricots verts, et coupez-les en deux voire en trois.

Écossez les petits pois et rincez-les.

Lavez et épluchez les carottes, coupez-les en rondelles.

Pelez les pommes de terre et coupez-les en morceaux. Mettez-les dans une marmite avec 1 litre d'eau. Ajoutez le cube de bouillon émietté, l'oignon et l'ail, le laurier et le thym. Portez à ébullition puis baissez le feu et laissez frémir 5 minutes.

Ajoutez les petits pois, les haricots verts et les carottes et poursuivez la cuisson à feu doux 20 minutes. Salez légèrement et poivrez.

Ôtez le thym et le laurier. Répartissez la soupe dans des bols et servez.

Le conseil en +

Cette soupe est délicieuse telle quelle, avec des morceaux. Mais vous pouvez aussi la mouliner.

Velouté de laitue

Phase 2

Ingrédients : 1 laitue, 4 carottes, 2 pommes de terre, 1 cube de bouillon de légumes, 1 cuillère à soupe d'huile d'olive, sel, poivre.

Épluchez les carottes et les pommes de terre. Coupez-les en dés.

Lavez la laitue et hachez-la grossièrement.

Dans une marmite, faites chauffer l'huile d'olive. Ajoutez les carottes et les pommes de terre et laissez-les revenir 5 minutes à feu doux.

Ajoutez la laitue hachée et faites-la suer pendant 5 minutes à feu doux en remuant.

Mouillez d'eau à hauteur et ajoutez le cube de bouillon. Portez à ébullition puis baissez le feu et laissez frémir pendant 25 minutes.

Mixez les légumes avec une partie du jus de cuisson, jusqu'à obtenir la consistance désirée. Salez légèrement et poivrez.

Réchauffez si nécessaire et servez bien chaud.

Le conseil en +

Gardez 1 ou 2 feuilles de laitue pour la déco : vous n'aurez qu'à les découper en fines lanières, et les parsemer sur la soupe.

SOUPE ITALIENNE

Phase 2

Ingrédients : *2 carottes, 2 petites courgettes bio, 2 tomates, 1 poireau, 100 g de haricots verts, 100 g de haricots blancs, 50 g de macaronis, 1 oignon, 2 gousses d'ail, 1 cube de bouillon de légumes, quelques feuilles de basilic, 1 cuillère à soupe d'huile d'olive, sel, poivre.*

Épluchez les carottes et lavez les courgettes. Coupez ces légumes en dés.

Lavez et équeutez les haricots verts. Détaillez-les en tronçons de 2 cm environ.

Plongez les tomates 30 secondes dans l'eau bouillante, égouttez-les et pelez-les.

Nettoyez le poireau et émincez-le finement.

Pelez et émincez l'oignon et l'ail.

Dans une marmite, faites chauffer l'huile d'olive et versez l'ail et l'oignon. Laissez revenir 5 minutes à feu doux.

Versez 2 litres d'eau, le cube de bouillon et portez à ébullition.

Ajoutez les carottes, les courgettes, les tomates, le poireau, les haricots verts et les haricots blancs. Salez légèrement et poivrez. Baissez le feu et laissez frémir pendant 30 minutes.

→

Versez ensuite les pâtes, et laissez cuire encore 10 minutes.

Lavez et ciselez le basilic

Servez bien chaud, décoré de basilic.

🏃 Version « famille »

Ajoutez dans chaque bol 1 cuillère à soupe de pistou tout prêt ou fait maison.

SOUPE MANGE-TOUT

> **Phase 2**

Ingrédients : 500 g de haricots mange-tout, 3 pommes de terre, 2 oignons, 2 gousses d'ail, 1 bouquet de persil, 1 cube de bouillon de volaille dégraissé, 1 cuillère à soupe d'huile d'olive, sel, poivre.

Pelez et émincez les oignons et l'ail.

Épluchez les pommes de terre et coupez-les en dés.

Lavez et ciselez le persil.

Lavez les haricots mange-tout et coupez-les en tronçons.

Dans une marmite, faites chauffer l'huile d'olive. Ajoutez les oignons et l'ail, ainsi que la moitié du persil ciselé. Laissez revenir pendant 5 minutes à feu doux.

Ajoutez les haricots et les pommes de terre.

Mouillez d'eau à hauteur et ajoutez le cube de bouillon. Portez à ébullition puis baissez le feu et laissez cuire 45 minutes.

Mixez les légumes avec une partie du jus de cuisson jusqu'à obtenir la consistance désirée. Salez légèrement et poivrez.

Servez bien chaud, décoré du reste de persil.

> **Version « famille »**
>
> Ajoutez des lamelles de lard rapidement revenues dans une poêle antiadhésive, sans matière grasse.

POTAGE DE LÉGUMES AU TAPIOCA

> **Phase 2**

Ingrédients : 2 blancs de poireaux, 2 carottes, 200 g de petits pois frais, 1 branche de céleri, 1 oignon, 1 gousse d'ail, 1 cuillère à soupe d'huile d'olive, 1 cube de bouillon de volaille, 2 cuillères à soupe de tapioca, sel, poivre.

Nettoyez et émincez les poireaux.

Épluchez les carottes et coupez-les en rondelles.

Écossez les petits pois et rincez-les.

Lavez la branche de céleri et coupez-la en tronçons.

Pelez et émincez l'oignon et l'ail.

Dans une marmite, faites chauffer l'huile d'olive. Ajoutez l'oignon et l'ail et laissez-les revenir 5 minutes à feu doux.

Ajoutez le reste des légumes, mouillez d'eau à hauteur. Ajoutez le cube de bouillon. Portez à ébullition puis baissez le feu et laissez frémir pendant 20 minutes.

Mixez les légumes avec une partie du jus de cuisson jusqu'à obtenir la consistance désirée. Salez légèrement et poivrez. Reversez la soupe dans la casserole et ajoutez le tapioca. Faites cuire 5 à 10 minutes à feu doux en remuant constamment. Servez bien chaud.

> ### Version « famille »
> Ajoutez 1 cuillère à soupe de crème fraîche par bol.

Les soupes d'hiver

Les soupes Phase 1

Soupe de poireaux 141

Soupe de potiron 142

Soupe de navets au curry 143

Velouté de betteraves et tomates 144

Soupe chou-carottes 145

Soupe de légumes anciens 146

Soupe de carottes et endives au cumin 147

Velouté de salsifis 148

Velouté de potimarron à l'ail et au romarin ... 149

Bouillon façon julienne 150

Soupe 3 C (carottes-chou-fleur-cumin) 151

Soupe potiron-panais 152

Bouillon façon pot-au-feu 153

Velouté de topinambours 154

Velouté de mâche aux champignons 155

Soupe carottes-panais 157

Soupe de navets et salsifis 158

Velouté de butternut 159

Soupe panais-poireaux 160

Velouté de courge muscade à la moutarde 161

Soupe de céleri au curcuma 162

Soupe endives-champignons 163

Velouté de carottes à l'orange 165

Bouillon de légumes au citron vert 166

Soupe de courge aux poireaux 167

Bouillon de légumes au paksoi 169

→

Potage au chou et aux poireaux.............................171
Velouté de poireaux aux champignons.............172
Soupe aux trois choux...173

Les soupes Phase 2

Soupe aux 6 légumes...174
Soupe poireaux-oseille..175
Velouté de choux de Bruxelles...........................176
Velouté d'endives...177
Soupe de blettes..178
Minestrone light...179
Soupe au chou et vermicelles..............................181
Velouté de potiron aux flocons de quinoa........182
Velouté d'artichaut aux lentilles........................183
Soupe du potager..185
Soupe au chou blanc..186
Soupe de légumes aux haricots blancs...............187
Soupe de mâche...189
Velouté de chou-fleur à la muscade...................190
Velouté de céleri...191
Soupe de légumes au quinoa...............................192
Velouté de légumes verts......................................193
Soupe de choux de Bruxelles et fèves...............194
Velouté de cresson..195
Soupe de légumes racines.....................................196

LES SOUPES D'HIVER

SOUPE DE POIREAUX

> Phase 1

Ingrédients : *3 poireaux, 1 oignon, 100 ml de lait écrémé, 1 cuillère à soupe d'huile d'olive, 1 cube de bouillon de volaille dégraissé, sel, poivre.*

Nettoyez les poireaux. Coupez les blancs en tronçons, ainsi que la partie la plus tendre des verts.

Pelez et émincez l'oignon.

Dans une marmite, faites chauffer l'huile d'olive. Ajoutez l'oignon et laissez-le revenir à feu doux pendant 5 minutes.

Ajoutez les poireaux, laissez cuire encore 5 minutes en remuant de temps en temps.

Couvrez d'eau à hauteur et ajoutez le cube de bouillon. Portez à ébullition puis baissez le feu et laissez cuire 20 minutes.

Mixez les légumes avec le lait et une partie du jus de cuisson, jusqu'à obtenir la consistance désirée. Salez légèrement et poivrez.

Réchauffez à feu doux et servez.

👪 Version « famille »

Dans les bols, ajoutez des dés de jambon blanc et une pincée de gruyère râpé.

SOUPE DE POTIRON

Phase 1

Ingrédients : *500 g de potiron, 2 carottes, 1 oignon, 2 gousses d'ail, 1 cube de bouillon de volaille dégraissé, 100 ml de lait écrémé, 1 cuillère à soupe d'huile d'olive, sel, poivre.*

Pelez et émincez l'oignon et l'ail.

Lavez et épluchez les carottes, coupez-les en rondelles.

Détaillez la chair du potiron en gros dés.

Dans une marmite, faites chauffer l'huile d'olive. Ajoutez l'oignon et l'ail et laissez-les revenir à feu doux pendant 5 minutes.

Ajoutez les carottes et le potiron. Couvrez d'eau à hauteur et ajoutez le cube de bouillon. Portez à ébullition puis baissez le feu et laissez cuire 25 minutes.

Mixez les légumes avec le lait et une partie du jus de cuisson, jusqu'à obtenir la consistance désirée. Salez légèrement et poivrez.

Réchauffez à feu doux et servez.

Le conseil en +

Vous pouvez faire la même recette avec du potimarron ou de la courge butternut.

Soupe de navets au curry

> **Phase 1**

> **Ingrédients :** 750 g de navets, 2 oignons, 1 cuillère à café de curry en poudre, 2 cuillères à soupe de crème fraîche allégée, 1 cuillère à soupe d'huile d'olive, 1 cube de bouillon de volaille, quelques brins de persil, sel, poivre.

Pelez et hachez les oignons.

Épluchez les navets et coupez-les en morceaux.

Dans une marmite, faites chauffer l'huile d'olive. Ajoutez les oignons et le curry et laissez fondre 5 minutes à feu doux.

Versez les navets, et faites cuire encore 5 minutes.

Couvrez d'eau à hauteur et ajoutez le cube de bouillon. Portez à ébullition puis baissez le feu et laissez frémir 30 minutes.

Lavez et ciselez le persil.

Mixez les légumes avec le jus de cuisson. Salez légèrement et poivrez.

Ajoutez la crème et réchauffez à feu doux. Servez bien chaud, décoré de persil ciselé.

> **Version « famille »**
> Ajoutez des lamelles de magret de canard fumé.

Velouté de betteraves et tomates

> **Phase 1**

Ingrédients : 4 ou 5 betteraves rouges crues (selon la grosseur), 4 tomates bien mûres, 1 oignon, 1 filet de jus de citron, 1 cuillère à soupe d'huile d'olive, 1 cube de bouillon de volaille dégraissé, quelques brins de persil, sel, poivre.

Faites bouillir un grand volume d'eau. Plongez-y les tomates 30 secondes. Égouttez-les, pelez-les et coupez-les en morceaux.

Pelez et émincez l'oignon.

Épluchez les betteraves et coupez-les en morceaux.

Dans une marmite, faites chauffer l'huile d'olive. Ajoutez l'oignon et faites-le revenir 5 minutes à feu doux. Versez 1 litre d'eau, ajoutez le cube de bouillon et portez à ébullition.

Ajoutez les betteraves et les tomates, baissez le feu, et laissez cuire 25 minutes à feu doux.

Lavez et ciselez le persil.

Mixez les légumes avec une partie du jus de cuisson, jusqu'à obtenir la consistance désirée. Ajoutez le jus de citron. Salez légèrement et poivrez.

Servez tiède ou froid, décoré des brins de persil ciselé.

👪 Version « famille »
Ajoutez une cuillerée de crème fraîche liquide par bol.

Les soupes d'hiver

Soupe chou-carottes

> Phase 1

Ingrédients : ½ chou vert, 3 carottes, 1 oignon, 1 gousse d'ail, 1 bouquet garni (thym, laurier…), 1 cube de bouillon de volaille dégraissé, 1 cuillère à soupe d'huile d'olive, sel, poivre.

Lavez le chou et coupez-le en fines lanières. Faites-le blanchir 2 minutes dans un grand volume d'eau bouillante salée. Rincez à l'eau froide et laissez égoutter.

Pelez et émincez l'oignon et l'ail.

Lavez et épluchez les carottes, coupez-les en dés.

Dans une grande marmite, faites chauffer l'huile d'olive. Ajoutez l'oignon et l'ail, et faites-les revenir 5 minutes à feu doux.

Ajoutez les carottes et le chou. Couvrez d'eau à hauteur. Ajoutez le cube de bouillon et le bouquet garni. Portez à ébullition puis baissez le feu et laissez frémir 30 minutes. Salez légèrement et poivrez.

Ôtez le bouquet garni et servez cette soupe bien chaude, non mixée.

††† Version « famille »

Au moment de servir, ajoutez dans les assiettes quelques lardons simplement revenus dans une poêle antiadhésive, sans matière grasse.

Soupe de légumes anciens

> **Phase 1**

Ingrédients : 3 panais, 2 topinambours, 2 carottes, 1 oignon, 2 gousses d'ail, 1 cuillère à soupe d'huile d'olive, 1 cube de bouillon de légumes, 1 cuillère à café de coriandre en grains, sel, poivre.

Épluchez les panais, les topinambours et les carottes. Coupez-les en morceaux.

Pelez et émincez l'oignon et l'ail.

Dans une marmite, faites chauffer l'huile d'olive. Ajoutez l'oignon et l'ail et laissez revenir 5 minutes à feu doux.

Ajoutez les panais, les topinambours et les carottes. Faites revenir 5 minutes en remuant.

Couvrez d'eau à hauteur et ajoutez le cube de bouillon et la coriandre. Portez à ébullition puis baissez le feu et laissez cuire 20 minutes.

Mixez les légumes avec une partie du jus de cuisson, jusqu'à obtenir la consistance désirée. Salez légèrement et poivrez.

Réchauffez si nécessaire et servez.

> ### Version « famille »
> Dans les bols, ajoutez une cuillerée de crème fraîche épaisse.

LES SOUPES D'HIVER

SOUPE DE CAROTTES ET ENDIVES AU CUMIN

> **Phase 1**

Ingrédients : 4 carottes, 3 endives, 1 gros oignon, 2 gousses d'ail, 1 cube de bouillon de volaille, 1 cuillère à soupe d'huile d'olive, 1 pincée de cumin, sel, poivre.

Pelez et émincez l'oignon et l'ail.

Lavez et épluchez les carottes, coupez-les en rondelles.

Lavez les endives et coupez-les en tronçons.

Dans une marmite, faites chauffer l'huile d'olive. Versez l'oignon et l'ail et laissez-les revenir 5 minutes à feu doux.

Ajoutez les carottes, les endives et le cumin. Laissez cuire 20 minutes à feu doux en remuant de temps en temps.

Couvrez d'eau à hauteur, ajoutez le cube de bouillon et portez à ébullition.

Mixez les légumes avec une partie du jus de cuisson jusqu'à obtenir la consistance désirée. Salez légèrement et poivrez.

Réchauffez la soupe si nécessaire. Servez bien chaud.

> **Version « famille »**
> Dans les bols, ajoutez une pincée de gruyère râpé.

VELOUTÉ DE SALSIFIS

> **Phase 1**

Ingrédients : 1 kg de salsifis, 3 cuillères à soupe de cerfeuil haché (frais ou surgelé), ½ citron, 1 cuillère à soupe de vinaigre, 1 cube de bouillon de volaille dégraissé, sel, poivre.

Épluchez les salsifis et faites-les tremper dans un saladier d'eau additionnée de vinaigre. Lavez-les et rincez-les bien. Découpez-les en tronçons.

Mettez les salsifis dans une casserole, ajoutez 1,5 litre d'eau, ainsi que le cube de bouillon. Portez à ébullition puis baissez le feu et laissez cuire 30 minutes.

Pressez le demi-citron, récupérez le jus.

Mixez les salsifis avec le jus de citron, le cerfeuil et une partie du jus de cuisson, jusqu'à obtenir la consistance désirée. Salez légèrement et poivrez.

Réchauffez à feu doux si nécessaire, et servez.

> **Version « famille »**
>
> Ajoutez 1 cuillerée à soupe de crème fraîche liquide par bol.

LES SOUPES D'HIVER

VELOUTÉ DE POTIMARRON À L'AIL ET AU ROMARIN

> **Phase 1**

Ingrédients : *1 potimarron, 3 gousses d'ail, 2 cuillères à soupe de romarin, 2 cuillères à soupe d'huile d'olive, 1 cube de bouillon aux herbes, sel, poivre.*

Faites chauffer le four à 180 °C (thermostat 6).

Lavez et essuyez le potimarron. Coupez-le en deux et enlevez les pépins. Détaillez-le en tranches fines (pas besoin d'enlever la peau).

Pelez et émincez l'ail.

Déposez les tranches de potimarron sur la lèchefrite. Parsemez d'ail et de romarin, et arrosez d'huile d'olive.

Placez la lèchefrite dans le four, et laissez cuire pendant 30 minutes environ.

Faites fondre le cube de bouillon dans 1,5 litre d'eau bouillante.

Mixez le potimarron avec le bouillon, jusqu'à obtenir la consistance désirée. Salez légèrement et poivrez.

Faites réchauffer tout doucement et servez.

> **Version « famille »**
>
> Servez avec une belle tranche de pain de campagne grillée frottée d'ail et arrosée d'huile d'olive.

Bouillon façon julienne

> **Phase 1**

Ingrédients : *3 carottes, 3 navets, 1 blanc de poireau, 1 oignon, 1 branche de céleri, 1 bouquet garni (thym, laurier, persil), 1 cuillère à soupe de poivre en grains, sel.*

Lavez et épluchez les carottes et les navets, et coupez-les en fins bâtonnets.

Nettoyez le poireau et émincez-le finement.

Pelez et émincez l'oignon.

Lavez la branche de céleri et coupez-la en fins tronçons.

Dans une marmite, faites chauffer 1,5 litre d'eau. Ajoutez le bouquet garni et le poivre. Salez légèrement.

Quand l'eau bout, plongez les légumes et laissez-les cuire 10 minutes environ : ils doivent rester bien croquants.

Ôtez le bouquet garni et servez le bouillon bien chaud.

 Le conseil en +

Le temps de cuisson des légumes dépend de la découpe de vos bâtonnets : plus ils sont fins, plus ils cuiront rapidement.
À noter : ce bouillon est meilleur si les légumes sont encore bien croquants.

Soupe 3 C (carottes-chou-fleur-cumin)

> **Phase 1**

 Ingrédients : 1 chou-fleur, 400 g de carottes, 1 oignon, 1 cuillère à café de cumin, 1 cube de bouillon de légumes, sel, poivre.

Séparez le chou-fleur en bouquets et rincez-les.

Lavez et épluchez les carottes, coupez-les en rondelles.

Pelez l'oignon et coupez-le en quatre.

Dans une marmite, versez 1,5 litre d'eau. Ajoutez l'oignon et le cube de bouillon. Portez à ébullition.

Une fois que l'eau bout, ajoutez les légumes et le cumin. Baissez le feu et laissez frémir 20 minutes.

Mixez les légumes avec une partie du jus de cuisson jusqu'à obtenir la consistance désirée. Salez légèrement et poivrez.

Réchauffez si nécessaire et servez.

> **Version « famille »**
>
> Détaillez 100 g de gouda en cubes et ajoutez-les dans la soupe bien chaude : ils vont fondre tout doucement.

SOUPE POTIRON-PANAIS

> **Phase 1**

Ingrédients : *2 panais, 250 g de potiron, 3 carottes, 1 oignon, 1 cuillère à soupe d'huile d'olive, 1 cube de bouillon de volaille dégraissé, sel, poivre.*

Pelez l'oignon et émincez-le.

Épluchez les panais et les carottes, coupez-les en morceaux.

Détaillez la chair du potiron en dés.

Dans une marmite, faites chauffer l'huile d'olive. Ajoutez l'oignon et faites-le revenir 5 minutes à feu doux.

Ajoutez les carottes, les panais et le potiron. Laissez cuire encore 5 minutes en remuant de temps en temps.

Couvrez d'eau à hauteur et ajoutez le cube de bouillon. Portez à ébullition puis baissez le feu et laissez frémir 25 minutes.

Mixez les légumes avec une partie du jus de cuisson, jusqu'à obtenir la consistance désirée. Salez légèrement et poivrez.

Réchauffez si nécessaire et servez.

> **Version « famille »**
>
> Dans les bols, ajoutez des tranches de lard revenues à la poêle quelques minutes sans matière grasse.

BOUILLON
FAÇON POT-AU-FEU

Phase 1

Ingrédients : *4 carottes, 2 blancs de poireaux, 2 navets, 1 branche de céleri, 1 oignon, 1 gousse d'ail, 1 cube de bouillon de bœuf dégraissé, 1 bouquet garni (thym, laurier…), 5 clous de girofle, 1 cuillère à soupe d'huile d'olive, sel, poivre.*

Lavez et épluchez les carottes, coupez-les en rondelles.

Nettoyez les poireaux et émincez-les finement.

Lavez et épluchez les navets, coupez-les en dés.

Lavez le céleri et coupez-les en petits morceaux.

Épluchez et émincez l'oignon et l'ail.

Faites chauffer l'huile d'olive dans une marmite. Ajoutez l'oignon et l'ail, et laissez-les revenir pendant 2 à 3 minutes à feu doux.

Versez tous les légumes dans la marmite, couvrez d'eau à hauteur. Ajoutez le cube de bouillon, le bouquet garni et les clous de girofle. Salez légèrement et poivrez. Portez à ébullition puis laissez cuire à feu doux pendant 20 minutes environ.

Ôtez le bouquet garni et servez bien chaud (pas besoin de mixer).

👪 Version « famille »

Pour parfaire le « pot-au-feu », ajoutez des petites lamelles de bœuf préalablement revenues quelques minutes à la poêle.

Velouté de topinambours

> **Phase 1**

Ingrédients : 400 g de topinambours, 2 carottes, 1 poireau, 1 oignon, 2 échalotes, 1 cube de bouillon de volaille dégraissé, 1 cuillère à soupe d'huile d'olive, quelques brins de persil plat, sel, poivre.

Lavez et épluchez les topinambours et les carottes. Coupez-les en morceaux.

Nettoyez le blanc du poireau et émincez-le finement.

Pelez et émincez l'oignon et les échalotes.

Dans une marmite, faites chauffer l'huile d'olive. Ajoutez l'oignon et les échalotes, et faites-les revenir 5 minutes à feu doux.

Ajoutez les topinambours, les carottes et le poireau. Couvrez d'eau et ajoutez le cube de bouillon. Portez à ébullition puis baissez le feu et laissez frémir 20 minutes.

Lavez et ciselez le persil.

Mixez les légumes avec le jus de cuisson. Salez légèrement et poivrez. Si la soupe est trop épaisse, ajoutez un peu d'eau chaude. Servez bien chaud, décoré de persil ciselé.

Version « famille »

Ajoutez des dés de jambon blanc et une cuillerée de crème fraîche.

LES SOUPES D'HIVER

VELOUTÉ DE MÂCHE AUX CHAMPIGNONS

> **Phase 1**

Ingrédients : 400 g de mâche, 1 bouquet de persil plat, 100 g de champignons de Paris, 1 échalote, 1 oignon, 1 cube de bouillon de volaille dégraissé, 1 cuillère à soupe d'huile d'olive, sel, poivre.

Lavez la mâche et le persil plat. Essorez-les et ciselez-les finement.

Pelez et émincez l'oignon et l'échalote.

Dans une marmite, faites chauffer l'huile d'olive. Ajoutez l'oignon et l'échalote, et faites-les revenir à feu doux pendant 5 minutes.

Ajoutez la mâche et le persil plat, et faites revenir pendant 1 ou 2 minutes à feu doux, en remuant constamment.

Ajoutez 1,5 litre d'eau et le cube de bouillon. Portez à ébullition puis baissez le feu et laissez frémir pendant 10 minutes.

Pendant ce temps, nettoyez et émincez finement les champignons.

Mixez les légumes cuits, avec une partie du jus de cuisson jusqu'à obtention de la consistance désirée. Salez légèrement et poivrez. Versez la soupe dans une casserole, ajoutez les champignons émincés, et réchauffez à feu doux pendant 5 minutes. Servez bien chaud.

→

> ### ★ Le conseil en +
>
> Pour une texture sans morceau, vous pouvez également mixer la soupe avec les champignons. Dans ce cas, ajoutez-les dans la marmite en même temps que la mâche et le persil.

Soupe carottes-panais

Phase 1

Ingrédients : 3 panais, 6 carottes, 1 oignon, 1 cube de bouillon de volaille dégraissé, 1 bouquet garni (thym, laurier…), quelques brins de persil, sel, poivre.

Épluchez les carottes et les panais et coupez-les en morceaux.

Pelez et émincez l'oignon.

Dans une marmite, versez tous les légumes. Ajoutez le bouquet garni et le cube de bouillon. Couvrez d'eau à hauteur. Portez à ébullition puis baissez le feu et laissez frémir pendant 20 minutes.

Pendant ce temps, lavez et ciselez le persil.

Mixez les légumes avec une partie du jus de cuisson, jusqu'à obtenir la consistance désirée. Salez légèrement et poivrez.

Réchauffez si nécessaire et servez, décoré du persil.

> **Version « famille »**
> Ajoutez une cuillerée de crème fraîche épaisse dans chaque bol.

Soupe de navets et salsifis

> **Phase 1**

Ingrédients : 800 g de navets, 250 g de salsifis, 1 courgette, 1 oignon, 100 ml de lait écrémé, 1 cube de bouillon de volaille dégraissé, quelques brins de persil, sel, poivre.

Lavez et épluchez les navets et les salsifis. Coupez-les en morceaux.

Pelez la courgette et coupez-la en dés.

Épluchez et émincez l'oignon.

Versez tous les légumes dans une marmite. Couvrez d'eau à hauteur et ajoutez le cube de bouillon. Portez à ébullition puis baissez le feu et laissez frémir pendant 20 minutes.

Lavez et ciselez le persil.

Mixez les légumes avec le lait écrémé et une partie du jus de cuisson jusqu'à obtenir la consistance désirée. Salez légèrement et poivrez.

Réchauffez à feu doux si nécessaire et servez décoré de persil ciselé.

Version « famille »

Ajoutez une cuillerée de crème fraîche épaisse dans chaque bol.

VELOUTÉ DE BUTTERNUT

> **Phase 1**

Ingrédients : 1 courge butternut, 2 carottes, 1 oignon, 1 cuillère à soupe d'huile d'olive, 1 cube de bouillon de légumes, sel, poivre.

Coupez la courge butternut en deux. Épépinez-la, enlevez la peau et coupez la chair en morceaux.

Épluchez les carottes et coupez-les en rondelles.

Pelez et émincez l'oignon.

Faites chauffer l'huile d'olive dans une marmite. Ajoutez l'oignon et faites-le revenir 5 minutes à feu doux.

Versez le reste des légumes, couvrez d'eau à hauteur et ajoutez le cube de bouillon. Portez à ébullition puis baissez le feu et laissez cuire 20 minutes.

Mixez les légumes avec une partie du jus de cuisson, jusqu'à obtenir la consistance désirée. Salez et poivrez. Servez bien chaud.

☆ Le conseil en +

En fonction de vos goûts, vous pouvez ajouter une pointe de curry ou de cumin.

Soupe panais-poireaux

> **Phase 1**

Ingrédients : *3 panais, 2 blancs de poireaux, 1 oignon, ½ bouquet de persil, 1 cuillère à soupe d'huile d'olive, 1 cube de bouillon de légumes, sel, poivre.*

Pelez et émincez l'oignon.

Épluchez les panais et coupez-les en dés.

Nettoyez les poireaux, et émincez-les finement.

Dans une marmite, faites chauffer l'huile d'olive. Ajoutez l'oignon, l'ail et les poireaux et laissez-les revenir 5 minutes à feu doux.

Ajoutez les panais. Couvrez d'eau à hauteur, incorporez le cube de bouillon et portez à ébullition. Puis baissez le feu et laissez cuire 15 minutes.

Lavez et ciselez le persil.

Mixez les légumes avec une partie du jus de cuisson, jusqu'à obtenir la consistance désirée. Salez légèrement et poivrez.

Réchauffez si nécessaire et servez bien chaud, décoré de persil ciselé.

> **Version « famille »**
>
> Dans les bols, ajoutez une cuillerée de fromage frais aux herbes.

VELOUTÉ DE COURGE MUSCADE À LA MOUTARDE

Phase 1

Ingrédients : *600 g de courge muscade, 2 échalotes, 1 cuillère à soupe d'huile d'olive, 1 cuillère à café de moutarde, 1 cube de bouillon de volaille dégraissé, sel, poivre.*

Pelez et émincez les échalotes.

Coupez la courge en morceaux.

Dans une marmite, faites chauffer l'huile d'olive. Ajoutez les échalotes et laissez-les revenir 5 minutes à feu doux.

Ajoutez les dés de courge et laissez-les revenir encore 5 minutes.

Couvrez d'eau à hauteur et ajoutez le cube de bouillon. Portez à ébullition puis baissez le feu et laissez cuire 20 minutes.

Mixez les légumes avec une partie du jus de cuisson jusqu'à obtention de la consistance désirée. Salez légèrement et poivrez.

Reversez la soupe dans la marmite, ajoutez la moutarde et réchauffez à feu doux.

Le conseil en +

Pour varier les goûts, vous pouvez aussi choisir une moutarde aromatisée : au miel, au pain d'épices, aux échalotes…

SOUPE DE CÉLERI AU CURCUMA

Phase 1

Ingrédients : *4 branches de céleri, 2 courgettes, 1 oignon, 2 gousses d'ail, 1 cuillère à soupe d'huile d'olive, 1 cuillère à café de curcuma en poudre, 3 feuilles de laurier, 1 cube de bouillon de légumes, sel, poivre.*

Lavez les branches de céleri et coupez-les en tronçons.

Épluchez les courgettes et coupez-les en dés.

Pelez l'oignon et l'ail et émincez-les.

Dans une marmite, faites chauffer l'huile d'olive. Ajoutez l'oignon et l'ail et laissez-les revenir 5 minutes à feu doux.

Ajoutez le céleri et le curcuma et laissez cuire encore 2 minutes.

Couvrez d'eau à hauteur, ajoutez le cube de bouillon et le laurier. Portez à ébullition puis baissez le feu et laissez cuire 20 minutes.

Ajoutez les courgettes et laissez cuire encore 10 minutes.

Ôtez les feuilles de laurier, et mixez les légumes avec une partie du jus de cuisson jusqu'à obtenir la consistance désirée. Salez légèrement et poivrez.

Servez bien chaud.

★ Le conseil en +
Vous pouvez remplacer le curcuma par du curry.

SOUPE ENDIVES-CHAMPIGNONS

> **Phase 1**

Ingrédients : *4 endives, 200 g de champignons, 2 gros oignons, 1 cuillère à soupe d'huile d'olive, 1 cuillère à soupe de Maïzena, 1 cube de bouillon de volaille, quelques brins de persil, sel, poivre.*

Lavez les endives et coupez-les en morceaux.

Nettoyez les champignons et émincez-les.

Pelez et émincez les oignons.

Dans une marmite, faites chauffer l'huile d'olive. Ajoutez les oignons et laissez-les revenir 5 minutes à feu doux. Ajoutez les endives et les champignons, laissez-les cuire encore 5 minutes.

Couvrez d'eau à hauteur et ajoutez le cube de bouillon. Portez à ébullition puis baissez le feu et laissez frémir 10 minutes.

Délayez la Maïzena dans un peu d'eau froide. Ajoutez dans la marmite, et mélangez. Laissez cuire encore 10 minutes en remuant de temps en temps : la soupe va épaissir. Salez légèrement et poivrez.

Lavez et ciselez le persil.

Servez bien chaud, décoré de persil ciselé.

→

Version « famille »

Préchauffez le gril de votre four. Répartissez la soupe dans des bols pouvant aller au four. Saupoudrez généreusement de gruyère râpé et passez 3 minutes sous le gril. Attention à ne pas vous brûler en sortant les bols du four !

Velouté de carottes à l'orange

> **Phase 1**

Ingrédients : 1 kg de carottes, 2 oranges, 1 gousse d'ail, ½ cuillère à café de cumin, 1 cuillère à soupe d'huile d'olive, 1 cube de bouillon de volaille, sel, poivre.

Lavez et épluchez les carottes, coupez-les en rondelles.

Pelez et émincez l'ail.

Dans une marmite, faites chauffer l'huile d'olive. Ajoutez l'ail, et laissez-le revenir 5 minutes à feu doux, en remuant de temps en temps.

Ajoutez les carottes et le cumin, et laissez-les revenir 5 minutes.

Couvrez d'eau à hauteur et ajoutez le cube de bouillon. Portez à ébullition puis baissez le feu et laissez cuire 15 minutes.

Pendant ce temps, pressez les oranges pour en récupérer le jus.

Mixez les carottes avec le jus d'orange et une partie du bouillon de cuisson, jusqu'à obtenir la consistance désirée. Salez légèrement et poivrez. Servez.

Le conseil en +
Ce velouté peut se servir tiède ou froid.

BOUILLON DE LÉGUMES AU CITRON VERT

> **Phase 1**

Ingrédients : 3 poireaux, 3 carottes, 1 branche de céleri, 1 oignon, ½ citron vert, ½ cuillère à café d'huile d'olive, quelques brins de persil, 1 cube de bouillon de volaille dégraissé, sel, poivre.

Pelez et émincez finement l'oignon.

Nettoyez les poireaux et émincez-les finement.

Lavez et épluchez les carottes, coupez-les en rondelles.

Lavez le céleri et coupez-le en petits morceaux.

Faites chauffer l'huile d'olive dans une marmite. Ajoutez l'oignon émincé et faites-le revenir à feu doux pendant quelques minutes.

Ajoutez les autres légumes, couvrez d'eau à hauteur et ajoutez le cube de bouillon. Portez à ébullition puis baissez le feu et laissez cuire 20 minutes.

Pendant ce temps, lavez et ciselez le persil.

Mixez les légumes avec une partie du jus de cuisson, jusqu'à obtenir la consistance désirée. Salez légèrement et poivrez.

Pressez le citron et versez le jus dans la soupe. Servez, décoré de persil ciselé.

Le conseil en +

Pressez le citron au tout dernier moment, afin de conserver ses vitamines.

Soupe de courge aux poireaux

Phase 1

Ingrédients : *500 g de courge muscade, 1 poireau, 1 gousse d'ail, 1 cuillère à soupe d'huile d'olive, 1 cube de bouillon de volaille dégraissé, sel, poivre.*

Nettoyez le poireau. Émincez finement le blanc et la partie tendre du vert.

Pelez l'ail et émincez-le.

Ôtez la peau de la courge et coupez la chair en dés.

Dans une marmite, faites chauffer l'huile d'olive. Ajoutez l'ail et les poireaux, et laissez-les fondre à feu doux pendant 5 minutes.

Ajoutez les morceaux de courge et laissez-les cuire encore 2 minutes.

Couvrez d'eau à hauteur, ajoutez le cube de bouillon et portez à ébullition. Puis baissez le feu et laissez frémir pendant 20 minutes.

Mixez les légumes avec une partie du jus de cuisson, jusqu'à obtenir la consistance désirée. Salez légèrement et poivrez. Servez bien chaud.

→

> ⭐ **Le conseil en +**
>
> Ne jetez pas les graines de la courge : nettoyez et séchez-les avec un papier absorbant puis disposez-les sur la plaque du four. Ajoutez un filet d'huile d'olive et un peu de sel. Faites cuire à four chaud (180 °C, th. 6) pendant une vingtaine de minutes, en remuant de temps en temps. Dégustez à l'apéro par exemple !

BOUILLON DE LÉGUMES AU PAKSOI

Phase 1

Ingrédients : 1 paksoi, 2 carottes, 2 blancs de poireaux, 1 oignon, 1 bouquet garni (thym, laurier…), 1 cuillère à soupe d'huile d'olive, 1 cube de bouillon de volaille dégraissé, sel, poivre.

Pelez l'oignon et émincez-le.

Lavez et épluchez les carottes, coupez-les en fines rondelles.

Nettoyez les poireaux et émincez-les finement.

Dans une marmite, faites chauffer l'huile d'olive. Ajoutez l'oignon et laissez revenir 5 minutes à feu doux. Ajoutez ensuite les poireaux et les carottes, laissez cuire encore 2 à 3 minutes à feu doux.

Couvrez d'eau à hauteur, ajoutez le cube de bouillon et le bouquet garni.

Portez à ébullition puis baissez le feu et laissez frémir pendant 20 minutes.

Lavez le paksoi et découpez le vert des feuilles en fines lanières. Faites-les suer pendant 2 à 3 minutes dans une poêle chaude antiadhésive, en remuant souvent.

Versez le paksoi dans le bouillon, salez légèrement et poivrez. Laissez réchauffer encore 5 minutes à feu doux. Servez bien chaud.

→

Le conseil en +

Le paksoi est un chou d'origine asiatique : il a une forme allongée, avec des feuilles vertes et des tiges blanches. On le trouve sur certains marchés, dans certains supermarchés et, bien évidemment, dans les boutiques asiatiques. Dans cette recette, on n'utilise que le vert, mais le blanc se consomme également, dans un wok de légumes et poulet par exemple.

POTAGE AU CHOU ET AUX POIREAUX

Phase 1

Ingrédients : 2 blancs de poireau, ¼ de chou vert, 1 courgette, 1 branche de céleri, 2 gousses d'ail, 1 cube de bouillon de volaille dégraissé, 1 cuillère à soupe d'huile d'olive, quelques brins de persil plat, sel, poivre.

Pelez et émincez l'ail.

Lavez les poireaux et émincez-les finement.

Lavez le céleri et la courgette et coupez-les en dés.

Coupez le chou en fines lanières et faites-les blanchir 5 minutes à l'eau bouillante. Rincez-les à l'eau froide et égouttez-les.

Dans une marmite, faites chauffer l'huile d'olive. Ajoutez l'ail et laissez revenir 5 minutes à feu doux.

Ajoutez ensuite les poireaux et le céleri. Faites cuire encore 5 minutes puis couvrez d'eau à hauteur et ajoutez le cube de bouillon. Portez à ébullition puis ajoutez le chou et les courgettes. Baissez le feu et laissez frémir pendant 10 minutes. Salez légèrement et poivrez.

Lavez et ciselez le persil.

Servez bien chaud, non mixé et décoré de persil plat.

> ★ **Le conseil en +**
>
> Coupez les légumes le plus finement possible : ils cuiront plus vite, et vous garderez toutes leurs vitamines.

VELOUTÉ DE POIREAUX AUX CHAMPIGNONS

> **Phase 1**

Ingrédients : *3 blancs de poireaux, 300 g de champignons de Paris, 1 oignon, 1 cuillère à soupe d'huile d'olive, 1 cube de bouillon de volaille dégraissé, 50 ml de lait concentré non sucré, ½ bouquet de persil, sel, poivre.*

Nettoyez et émincez les champignons et les blancs de poireaux.

Pelez et émincez l'oignon.

Dans une marmite, faites chauffer l'huile d'olive. Ajoutez l'oignon et faites-le revenir 5 minutes à feu doux. Ajoutez les poireaux et les champignons, et laissez cuire encore 5 minutes.

Couvrez d'eau à hauteur, et ajoutez le cube de bouillon. Salez et poivrez. Portez à ébullition et laissez cuire 20 minutes.

Pendant ce temps, lavez et ciselez le persil.

Mixez les légumes, le lait concentré et le persil. Ajoutez une partie du jus de cuisson, jusqu'à obtenir la consistance désirée. Salez légèrement et poivrez.

Réchauffez à feu doux et servez.

> **Le conseil en +**
>
> Gardez quelques champignons crus pour la déco : il vous suffira de les émincer finement et de les ajouter dans les bols au dernier moment.

Les soupes d'hiver

Soupe aux trois choux

> **Phase 1**

Ingrédients : ½ chou-fleur, ½ chou romanesco, ½ brocoli, 1 poireau, 1 oignon, 1 cube de bouillon de volaille dégraissé, 1 cuillère à soupe d'huile d'olive, sel, poivre.

Pelez et émincez l'oignon.

Nettoyez le poireau et émincez le blanc, ainsi que la partie tendre du vert.

Préparez les trois choux : séparez les bouquets et passez-les rapidement sous l'eau froide.

Dans une marmite, faites chauffer l'huile d'olive. Ajoutez l'oignon et le poireau, laissez-les revenir 5 minutes à feu doux.

Ajoutez les trois choux, le cube de bouillon et couvrez d'eau à hauteur. Portez à ébullition puis baissez le feu et laissez frémir 25 minutes.

Mixez les légumes avec une partie du jus de cuisson jusqu'à obtenir la consistance désirée. Salez légèrement et poivrez.

Réchauffez à feu doux si nécessaire. Servez bien chaud.

👪 Version « famille »

Préchauffez le gril de votre four. Répartissez la soupe dans des bols pouvant aller au four. Saupoudrez généreusement de gruyère râpé, et passez 3 minutes sous le gril. Attention à ne pas vous brûler en sortant les bols du four !

Soupe aux 6 légumes

> **Phase 2**

Ingrédients : 2 poireaux, 3 carottes, 2 pommes de terre, 5 feuilles de chou vert, 250 g de petits pois (frais ou surgelés), 100 g d'oseille (fraîche ou surgelée), 1 cube de bouillon de volaille dégraissé, sel, poivre.

Nettoyez les poireaux. Émincez les blancs ainsi que la partie tendre des verts.

Épluchez les carottes et les pommes de terre. Coupez-les en morceaux.

Lavez les feuilles de chou, et coupez-les en lanières.

Mettez les pommes de terre dans une marmite, ajoutez le cube de bouillon et 2 litres d'eau et portez à ébullition.

Une fois que l'eau bout, ajoutez les poireaux, les carottes, les feuilles de chou et les petits pois. Baissez le feu et laissez frémir pendant 25 minutes environ.

Lavez et ciselez l'oseille. Ajoutez-la dans la marmite, et laissez cuire à nouveau 5 minutes.

Mixez les légumes avec une partie du jus de cuisson jusqu'à obtenir la consistance désirée. Salez légèrement et poivrez.

Réchauffez à feu doux si nécessaire.

Le conseil en +
Vous pouvez aussi servir cette soupe telle quelle, non mixée.

SOUPE POIREAUX-OSEILLE

> **Phase 2**

Ingrédients : 3 poireaux, 200 g d'oseille (fraîche ou surgelée), 2 pommes de terre, 100 ml de lait écrémé, 1 cuillère à soupe d'huile d'olive, quelques feuilles de basilic, quelques feuilles de persil plat, sel, poivre.

Lavez les poireaux. Émincez finement le blanc, ainsi que la partie tendre des verts.

Épluchez les pommes de terre et coupez-les en dés.

Dans une marmite, faites chauffer l'huile d'olive. Ajoutez les poireaux, et faites-les revenir pendant 4 à 5 minutes, à feu doux.

Ajoutez l'oseille, les dés de pommes de terre et le lait. Couvrez d'eau à hauteur, portez à ébullition puis baissez le feu et laissez frémir pendant 20 minutes.

Lavez et ciselez le basilic et le persil.

Mixez les légumes avec les herbes et une partie du jus de cuisson jusqu'à obtenir la consistance désirée. Salez légèrement et poivrez.

Réchauffez à feu doux si nécessaire et servez.

Version « famille »
Ajoutez dans les bols 1 grosse cuillerée de fromage frais aux herbes, type Tartare.

VELOUTÉ DE CHOUX DE BRUXELLES

Phase 2

Ingrédients : *600 g de choux de Bruxelles, 2 pommes de terre, 1 oignon, 1 cuillère à soupe d'huile d'olive, 1 cube de bouillon de volaille dégraissé, sel, poivre.*

Rincez les choux de Bruxelles.

Épluchez les pommes de terre et coupez-les en morceaux.

Pelez et émincez l'oignon.

Dans une marmite, faites chauffer l'huile d'olive. Ajoutez l'oignon et laissez-le revenir 5 minutes à feu doux.

Ajoutez les choux et les pommes de terre. Couvrez d'eau à hauteur et ajoutez le cube de bouillon. Portez à ébullition puis baissez le feu et laissez frémir 25 minutes.

Mixez les légumes avec une partie du jus de cuisson, jusqu'à obtenir la consistance désirée. Salez légèrement et poivrez.

Réchauffez à feu doux si nécessaire et servez.

Version « famille »

Ajoutez dans les bols des petits lardons simplement revenus quelques secondes à la poêle sans matière grasse.

VELOUTÉ D'ENDIVES

Phase 2

Ingrédients : *6 endives, 2 pommes de terre, 1 oignon, 1 cube de bouillon de volaille dégraissé, 100 ml de lait écrémé, 1 bouquet de cerfeuil, 1 pincée de noix de muscade, 1 cuillère à soupe d'huile d'olive, sel, poivre.*

Lavez les endives et enlevez l'extrémité dure. Coupez-les en quatre.

Pelez et émincez l'oignon.

Faites chauffer l'huile d'olive dans une marmite. Ajoutez l'oignon et les endives, et laissez-les cuire à feu doux, et à couvert pendant 10 minutes environ.

Pendant ce temps, épluchez les pommes de terre et coupez-les en dés. Ajoutez-les dans la marmite.

Couvrez d'eau à hauteur, ajoutez le cube de bouillon. Portez à ébullition puis baissez le feu et laissez frémir pendant 30 minutes.

Lavez et ciselez le cerfeuil.

Mixez les légumes avec le lait, le cerfeuil et une partie du jus de cuisson, jusqu'à obtenir la consistance voulue. Ajoutez la muscade, salez légèrement et poivrez.

Réchauffez à feu doux si nécessaire et servez.

> ### Version « famille »
> Ajoutez des dés de jambon blanc dans les bols et saupoudrez généreusement de fromage râpé.

SOUPE DE BLETTES

> Phase 2

Ingrédients : *2 bottes de blettes, 3 pommes de terre, 1 oignon, 2 échalotes, 100 ml de lait demi-écrémé, 1 cuillère à soupe d'huile d'olive, gros sel, sel, poivre.*

Récupérez le vert des feuilles de blettes. Lavez-les et coupez-les en lanières. Faites-les tremper dans un litre d'eau additionnée d'une pincée de gros sel.

Épluchez les pommes de terre et coupez-les en dés.

Pelez et émincez l'oignon et les échalotes.

Dans une marmite, faites chauffer l'huile d'olive. Ajoutez l'oignon et les échalotes et faites-les revenir à feu doux pendant 5 minutes.

Ajoutez les blettes et laissez-les suer 5 minutes, en remuant souvent.

Ajoutez les pommes de terre et 1 litre d'eau. Portez à ébullition et laissez cuire 20 minutes environ (vérifiez la cuisson des pommes de terre).

Mixez les légumes avec le jus de cuisson et le lait. Salez légèrement et poivrez.

Réchauffez la soupe à feu doux et servez bien chaud.

> ### ★ Le conseil en +
> Ne jetez pas les côtes des blettes : vous pourrez les préparer en gratin.

MINESTRONE LIGHT

> **Phase 2**

Ingrédients : 1 blanc de poireau, 2 courgettes, 2 carottes, 150 g de petits pois (frais ou surgelés), 3 tomates bien mûres, 1 branche de céleri, 50 g de riz, 1 oignon, 2 gousses d'ail, 1 feuille de laurier, 1 cube de bouillon de volaille dégraissé, 1 cuillère à soupe d'huile d'olive, quelques feuilles de basilic, quelques brins de persil plat, sel, poivre.

Nettoyez le poireau et émincez-le finement.

Lavez et épluchez les carottes et les courgettes, coupez-les en dés.

Pelez et émincez l'oignon et l'ail.

Lavez la branche de céleri et coupez-la en fins tronçons.

Écossez les petits pois et rincez-les.

Ébouillantez les tomates 30 secondes puis égouttez-les et pelez-les. Détaillez-les en petits dés.

Dans une marmite, faites chauffer l'huile d'olive. Ajoutez l'oignon et l'ail et faites-les revenir 5 minutes à feu doux. Ajoutez tous les légumes et laissez cuire encore 5 minutes.

Mouillez d'eau à hauteur, ajoutez le laurier et le cube de bouillon. Salez légèrement et poivrez. Portez à ébullition puis baissez le feu et laissez frémir pendant 30 minutes.

→

Ajoutez le riz et laissez cuire encore 20 minutes.

Lavez et ciselez le persil et le basilic.

Servez bien chaud, décoré de persil et de basilic ciselé.

🏃 Version « famille »

Ajoutez des lamelles de parmesan ou saupoudrez de parmesan râpé.

Soupe au chou et vermicelles

> **Phase 2**

 Ingrédients : ½ chou vert, 1 poireau, 1 oignon, ½ litre de lait écrémé, 4 cuillères à soupe de vermicelles, 1 cube de bouillon de volaille, quelques brins de persil plat, sel, poivre.

Lavez le chou, coupez ses feuilles en fines lanières. Faites-les blanchir 5 minutes dans un grand volume d'eau bouillante salée. Rincez-les à l'eau froide et égouttez-les.

Nettoyez le poireau. Émincez le blanc et une partie du vert.

Pelez et émincez l'oignon.

Mettez le chou, le poireau et l'oignon dans une grande marmite. Ajoutez 1,5 litre d'eau bouillante et le cube de bouillon. Salez légèrement et poivrez. Portez à ébullition puis baissez le feu et laissez cuire pendant 45 minutes.

Ajoutez les vermicelles et le lait, et poursuivez la cuisson à feu doux pendant 5 minutes. Salez légèrement et poivrez.

Lavez et ciselez le persil.

Servez la soupe bien chaude, décorée de persil ciselé.

★ Le conseil en +

Le blanchiment du chou permet de lui enlever une partie de son amertume.

VELOUTÉ DE POTIRON AUX FLOCONS DE QUINOA

Phase 2

Ingrédients : *500 g de potiron, 2 carottes, 1 oignon, 2 gousses d'ail, 2 cuillères à soupe de flocons de quinoa, 1 cube de bouillon de volaille, 1 cuillère à soupe d'huile d'olive, sel, poivre.*

Pelez et émincez l'oignon et l'ail.

Lavez et épluchez les carottes, coupez-les en rondelles.

Détaillez la chair du potiron en dés.

Dans une marmite, faites chauffer l'huile d'olive. Ajoutez l'oignon et l'ail et laissez-les revenir à feu doux pendant 5 minutes.

Ajoutez les carottes et le potiron. Couvrez d'eau à hauteur et ajoutez le cube de bouillon. Portez à ébullition puis baissez le feu et laissez cuire 25 minutes.

Mixez les légumes avec une partie du jus de cuisson, jusqu'à obtenir la consistance désirée. Salez légèrement et poivrez.

Reversez la soupe dans la marmite, ajoutez les flocons de quinoa et laissez-les gonfler à feu doux pendant 10 minutes, en remuant de temps en temps. Servez.

Le conseil en +

Si vous préférez une texture lisse, faites cuire les flocons de quinoa pendant 25 minutes avec les légumes puis mixez-les.

VELOUTÉ D'ARTICHAUT AUX LENTILLES

Phase 2

Ingrédients : 6 cœurs d'artichauts (surgelés), 150 g de lentilles vertes, 2 pommes de terre, 3 carottes, 2 branches de céleri, 1 oignon, 1 gousse d'ail, 2 feuilles de laurier, 1 cuillère à soupe d'huile d'olive, sel, poivre.

Épluchez les carottes et les pommes de terre. Coupez-les en morceaux.

Lavez le céleri et détaillez-le en tronçons.

Pelez et émincez l'oignon et l'ail.

Dans une marmite, faites chauffer l'huile d'olive. Ajoutez l'oignon et l'ail et faites-les revenir à feu doux pendant 5 minutes.

Ajoutez les carottes et le céleri. Faites revenir encore 5 minutes. Ajoutez 2 litres d'eau et portez à ébullition.

Une fois que l'eau bout, ajoutez les pommes de terre, les lentilles, les cœurs d'artichaut et le laurier. Baissez le feu et laissez frémir pendant 30 minutes.

Ôtez les feuilles de laurier et mixez les légumes avec une partie du jus de cuisson, jusqu'à obtenir la consistance désirée. Salez légèrement et poivrez.

Réchauffez à feu doux si nécessaire et servez.

→

SOUPES BRÛLE-GRAISSES

♟ Version « famille »

Dans chaque bol, ajoutez des lamelles de magret de canard fumé revenues pendant quelques secondes dans une poêle antiadhésive.

Soupe du potager

Phase 2

Ingrédients : 1 blanc de poireau, 3 carottes, 3 navets, 3 pommes de terre, 1 oignon, 1 branche de thym, 1 cube de bouillon de volaille dégraissé, 1 cuillère à soupe d'huile d'olive, quelques feuilles de persil plat, sel, poivre.

Lavez et épluchez les carottes, les navets et les pommes de terre. Coupez-les en dés.

Lavez le poireau, et émincez-le finement.

Pelez l'oignon et émincez-le.

Dans une marmite, faites chauffer l'huile d'olive. Ajoutez les oignons et faites-les fondre pendant quelques minutes à feu doux.

Ajoutez le poireau et les carottes. Faites-les suer pendant quelques minutes avant d'ajouter les navets et les pommes de terre.

Couvrez d'eau à hauteur. Ajoutez le thym et le cube de bouillon. Salez légèrement et poivrez. Portez à ébullition, puis baissez le feu et laissez frémir 30 minutes.

Lavez et ciselez le persil.

Ôtez le thym et servez la soupe, décorée de persil ciselé.

> ### Version « famille »
> Ajoutez des lardons revenus quelques minutes dans une poêle antiadhésive, sans matière grasse.

Soupe au chou blanc

Phase 2

Ingrédients : ½ chou blanc, 3 carottes, 2 pommes de terre, 1 oignon, 1 cube de bouillon de volaille dégraissé, sel, poivre.

Pelez l'oignon et émincez-le.

Épluchez les carottes et les pommes de terre. Coupez-les en cubes.

Lavez le chou et émincez-le.

Mettez tous les légumes dans une marmite. Ajoutez 2 litres d'eau et le cube de bouillon. Salez légèrement et poivrez. Portez à ébullition puis baissez le feu et laissez cuire pendant 40 minutes.

Servez bien chaud.

> **Le conseil en +**
>
> Vous pouvez également mixer cette soupe.

SOUPE DE LÉGUMES AUX HARICOTS BLANCS

Phase 2

Ingrédients : 200 g de haricots blancs secs, 150 g de chou vert, 3 carottes, 1 branche de céleri, 2 oignons, 3 gousses d'ail, 1 cuillère à soupe d'huile d'olive, 1 branche de thym, 2 feuilles de laurier, sel, poivre.

Faites tremper les haricots blancs dans un grand volume d'eau froide, pendant une nuit.

Le lendemain matin, égouttez-les et versez-les dans une casserole. Recouvrez d'eau à hauteur et portez à ébullition. Laissez cuire 10 minutes avant de les égoutter.

Pelez et émincez les oignons et l'ail.

Lavez le céleri et coupez-le en tronçons.

Lavez et épluchez les carottes, coupez-les en rondelles.

Lavez les feuilles de chou et taillez-les en lanières.

Dans une marmite, faites chauffer l'huile d'olive. Ajoutez l'oignon et l'ail et laissez-les fondre à feu doux pendant 5 minutes.

Ajoutez le céleri, les carottes, les haricots blancs, le chou, le thym et le laurier. Couvrez avec 1,5 litre d'eau. Portez à ébullition puis baissez le feu et laissez cuire 45 minutes environ.

→

Salez et poivrez.

Ôtez le thym et servez bien chaud.

> ★ **Le conseil en +**
>
> Vous pouvez aussi servir cette soupe mixée.

SOUPE DE MÂCHE

Phase 2

Ingrédients : 300 g de mâche, 4 pommes de terre, 2 gousses d'ail, 1 cube de bouillon de volaille dégraissé, 75 ml de lait concentré non sucré, 1 cuillère à soupe d'huile d'olive, sel, poivre.

Lavez la mâche et ciselez-la grossièrement.

Pelez les pommes de terre et coupez-les en dés. Faites-les cuire 15 minutes dans un grand volume d'eau bouillante.

Pelez et émincez l'ail.

Dans une marmite, faites chauffer l'huile d'olive. Ajoutez l'ail et laissez-le revenir quelques minutes à feu doux.

Ajoutez la mâche et faites-la suer pendant 5 minutes. Versez les pommes de terre et couvrez d'eau à hauteur. Ajoutez le cube de bouillon. Portez à ébullition puis baissez le feu et laissez frémir pendant 10 minutes.

Mixez les légumes avec une partie du jus de cuisson et le lait concentré, jusqu'à obtenir la consistance désirée. Salez légèrement et poivrez.

Réchauffez à feu doux si nécessaire et servez.

Version « famille »

Accompagnez de croûtons de pain frottés d'ail et de morceaux de lard poêlés sans matière grasse.

VELOUTÉ DE CHOU-FLEUR À LA MUSCADE

Phase 2

Ingrédients : *1 chou-fleur, 3 pommes de terre, ½ litre de lait écrémé, 25 cl de crème liquide allégée, ½ cuillère à café de muscade, sel, poivre.*

Séparez les bouquets du chou-fleur et lavez-les rapidement.

Épluchez les pommes de terre et coupez-les en morceaux.

Dans une grande marmite, mettez les pommes de terre. Ajoutez de l'eau à hauteur et portez à ébullition. Baissez le feu et laissez cuire 15 minutes.

Ajoutez ensuite les bouquets de chou-fleur et le lait. Salez, poivrez et laissez cuire à feu doux pendant 15 minutes, en surveillant régulièrement.

Hors du feu, ajoutez la crème et la muscade. Mixez le tout avec une partie du jus de cuisson, jusqu'à obtenir la consistance désirée.

Réchauffez à feu doux si nécessaire et servez.

᛭ Version « famille »

Dans chaque bol, ajoutez une cuillère à soupe généreuse de crème fraîche épaisse.

VELOUTÉ DE CÉLERI

> **Phase 2**

Ingrédients : *500 g de céleri-rave, 2 pommes de terre, 2 oignons, 1 blanc de poireau, 1 bouquet garni (thym, laurier, persil...), 1 cube de bouillon de volaille dégraissé, 75 ml de lait concentré non sucré, 1 cuillère à soupe d'huile d'olive, sel, poivre.*

Lavez le céleri, pelez-le et coupez-le en dés.

Épluchez les pommes de terre et coupez-les en morceaux.

Pelez et émincez les oignons.

Lavez le poireau et émincez-le finement.

Dans une marmite, faites chauffer l'huile d'olive. Ajoutez l'oignon et le poireau. Laissez fondre 5 minutes à feu doux.

Ajoutez les pommes de terre et le céleri. Couvrez d'eau à hauteur et ajoutez le bouquet garni et le cube de bouillon. Portez à ébullition puis baissez le feu et laissez frémir pendant 30 minutes.

Retirez le bouquet garni, et mixez les légumes avec une partie du jus de cuisson, jusqu'à obtenir la consistance désirée. Salez légèrement et poivrez.

Versez la soupe dans une casserole, ajoutez le lait concentré non sucré et réchauffez à feu doux. Servez.

> **Version « famille »**
>
> Dans les bols, ajoutez des dés de jambon, et parsemez de gruyère râpé.

SOUPE DE LÉGUMES AU QUINOA

Phase 2

Ingrédients : 1 poireau, 3 carottes, 1 branche de céleri, 150 g de haricots verts (frais ou surgelés), 80 g de quinoa, 1 oignon, 1 bouquet garni (thym, laurier…), sel, poivre.

Pelez et émincez l'oignon.

Nettoyez le poireau, émincez finement le blanc et la partie tendre du vert.

Épluchez les carottes et coupez-les en rondelles.

Lavez la branche de céleri et coupez-la en tronçons.

Lavez les haricots verts, équeutez-les et coupez-les en deux.

Dans une marmite, versez 2 litres d'eau. Ajoutez l'oignon et le bouquet garni.

Portez à ébullition puis ajoutez les légumes et le quinoa. Baissez le feu et laissez frémir pendant 15 minutes.

Ôtez le bouquet garni et servez bien chaud.

Le conseil en +

Vous pouvez également faire cuire les légumes puis mixer la soupe avant d'ajouter le quinoa cuit séparément. Faites ensuite réchauffer l'ensemble à feu doux pendant quelques minutes.

VELOUTÉ DE LÉGUMES VERTS

Phase 2

Ingrédients : *2 poireaux, 200 g de haricots verts (surgelés), 300 g de fèves (surgelées), 1 oignon, 1 gousse d'ail, 1 cuillère à soupe d'huile d'olive, 1 cube de bouillon de volaille dégraissé, sel, poivre.*

Pelez et émincez l'oignon et l'ail.

Nettoyez les poireaux, et émincez les blancs ainsi qu'une partie des verts.

Dans une marmite, faites chauffer l'huile d'olive. Ajoutez l'oignon et l'ail et faites-les fondre 5 minutes à feu doux.

Ajoutez ensuite les poireaux, les fèves et les haricots verts. Couvrez d'eau à hauteur et ajoutez le cube de bouillon. Portez à ébullition puis baissez le feu et laissez frémir 20 minutes.

Mixez les légumes avec une partie du jus de cuisson, jusqu'à obtenir la consistance désirée. Salez légèrement et poivrez.

Réchauffez la soupe si nécessaire et servez.

> **Version « famille »**
> Ajoutez dans chaque bol quelques copeaux de parmesan.

SOUPE DE CHOUX DE BRUXELLES ET FÈVES

Phase 2

Ingrédients : *300 g de choux de Bruxelles, 150 g de fèves, 1 oignon, 1 gousse d'ail, 1 pincée de curcuma, 1 cube de bouillon de volaille dégraissé, 1 cuillère à soupe d'huile d'olive, sel, poivre.*

Lavez les choux de Bruxelles.

Pelez et émincez l'oignon et l'ail.

Dans une marmite, faites chauffer l'huile d'olive, ajoutez l'oignon et l'ail et laissez-les revenir 5 minutes à feu doux.

Ajoutez les choux de Bruxelles, poursuivez la cuisson encore 5 minutes.

Ajoutez les fèves et le curcuma. Couvrez d'eau à hauteur et ajoutez le cube de bouillon. Salez légèrement et poivrez. Portez à ébullition puis baissez le feu et laissez frémir 20 minutes.

Mixez les légumes avec une partie du jus de cuisson, jusqu'à obtenir la consistance désirée.

Réchauffez à feu doux si nécessaire, et servez.

Version « famille »

Ajoutez une cuillère à soupe de fromage frais aux herbes par bol.

VELOUTÉ DE CRESSON

Phase 2

Ingrédients : *2 bottes de cresson, 2 pommes de terre, 2 échalotes, 1 cuillère à soupe d'huile d'olive, 1 cube de bouillon de légumes, sel, poivre.*

Lavez les pommes de terre, épluchez-les et coupez-les en morceaux.

Lavez le cresson et hachez-le grossièrement.

Épluchez et émincez les échalotes.

Dans une marmite, faites chauffer l'huile d'olive. Ajoutez les échalotes et faites-les revenir pendant 2 ou 3 minutes à feu doux.

Ajoutez les pommes de terre et le cube de bouillon. Couvrez d'eau à hauteur. Portez à ébullition puis baissez le feu et laissez frémir pendant 25 minutes.

Ajoutez le cresson et poursuivez la cuisson pendant 5 minutes.

Mixez les légumes avec une partie du jus de cuisson, jusqu'à ce que la consistance soit bien veloutée. Salez légèrement et poivrez.

Réchauffez à feu doux si nécessaire, et servez bien chaud.

Version « famille »

Au moment de servir, ajoutez dans les bols des dés de saumon frais cuits à la poêle sans matière grasse.

SOUPE DE LÉGUMES RACINES

Phase 2

Ingrédients : 2 gros panais, 2 pommes de terre, 2 navets, 2 topinambours, 1 céleri-rave, 1 cube de bouillon de volaille dégraissé, quelques brins de persil plat, sel, poivre.

Épluchez tous les légumes, rincez-les et coupez-les en dés.

Versez-les dans une grande marmite. Couvrez d'eau à hauteur et ajoutez le cube de bouillon. Portez à ébullition puis baissez le feu et laissez cuire pendant 30 minutes.

Mixez les légumes avec une partie du jus de cuisson, jusqu'à obtenir la consistance désirée. Salez légèrement et poivrez.

Lavez et ciselez le persil.

Réchauffez si nécessaire et servez, décoré de persil ciselé.

Version « famille »
Ajoutez des lamelles de jambon cru dans les bols.

Les bouillons

Le bouillon est essentiel pour donner du goût à vos soupes maison. Vous pouvez bien sûr utiliser des cubes de bouillon déshydraté : c'est la solution la plus rapide et la plus facile. Mais il n'aura pas la saveur d'un bon bouillon maison, préparé à base de légumes frais (ou surgelés) et/ou de viande. Il existe de nombreuses façons de le préparer. Voici deux recettes dont vous pouvez vous inspirer…

L'astuce : préparez-en 4 litres. Vous pourrez ainsi en utiliser la moitié tout de suite pour préparer une soupe. Quant à l'autre moitié, congelez-la pour la prochaine fois ! Il suffit de laisser refroidir le bouillon avant de le verser dans un récipient en plastique avec couvercle.

Bouillon de légumes

Ingrédients pour 4 litres de bouillon environ :
4 carottes, 2 poireaux, 2 branches de céleri, 2 oignons, 1 bouquet garni (thym, laurier, persil...), 1 pincée de gros sel, 1 cuillère à café de poivre en grains.

Pelez et émincez les oignons.

Épluchez les carottes et coupez-les en rondelles.

Nettoyez les poireaux et les branches de céleri et émincez-les.

Mettez l'oignon, les carottes, les poireaux et le céleri dans une grande marmite. Ajoutez 5 litres d'eau, le bouquet garni, le sel et le poivre.

Portez à ébullition puis baissez le feu et laissez mijoter à couvert pendant 1 h 30.

Enlevez les légumes, et filtrez le bouillon.

> **Le conseil en +**
>
> Que faire des légumes cuits ? Dégustez-les tels quels, en accompagnement, ou réduisez-les en purée... ou en soupe avec un peu de votre bouillon.

BOUILLON DE VOLAILLE

Ingrédients pour 4 litres de bouillon environ :
1 carcasse de poulet (ou de poule), 3 carottes, 1 poireau, 1 branche de céleri, 1 oignon, quelques clous de girofle, 1 bouquet garni (thym, laurier, persil...), 1 pincée de gros sel, 1 cuillère à café de poivre en grains.

Pelez l'oignon. Piquez-le avec les clous de girofle.

Épluchez les carottes et coupez-les en rondelles.

Nettoyez le poireau et le céleri et émincez-les.

Mettez la carcasse du poulet dans une grande marmite. Ajoutez l'oignon, les carottes, le poireau et le céleri. Ajoutez 5 litres d'eau, le bouquet garni, le sel et le poivre.

Portez à ébullition puis baissez le feu et laissez mijoter à couvert pendant 1 h 30.

Enlevez la carcasse et les légumes, et filtrez le bouillon.

Le conseil en +

Pour dégraisser le bouillon, laissez-le refroidir (avant le filtrage) : le gras va remonter en surface. Il vous suffira de l'enlever à l'aide d'un papier absorbant. Ensuite, enlevez la carcasse et les légumes et filtrez le bouillon.

Annexe

Les meilleures saisons des légumes

SOUPES BRÛLE-GRAISSES

	Janv.	Fév.	Mars	Avril	Mai	Juin
Artichaut				X	X	X
Asperge				X	X	
Aubergine						X
Betterave	X	X	X			
Blette	X	X	X	X	X	
Brocoli						X
Carotte	X	X	X	X		
Céleri	X	X	X			
Champignon de Paris	X	X	X	X	X	X
Chou	X	X	X	X		
Chou de Bruxelles	X	X				
Chou-fleur	X	X	X	X	X	
Concombre				X	X	X
Courgette					X	X
Cresson	X	X	X	X	X	
Endive	X	X	X	X		
Épinard	X	X	X	X	X	X
Fenouil						X
Haricot vert						X
Laitue				X	X	X
Mâche	X	X	X	X		
Navet	X	X	X	X	X	
Oignon	X	X	X	X	X	X
Oseille					X	X
Panais						
Petit pois					X	X
Poireau	X	X	X	X		
Poivron					X	X
Potimarron						
Potiron						
Radis				X	X	X
Salsifis	X	X	X			
Tomate					X	X
Topinambour	X	X	X			

ANNEXE – LES MEILLEURES SAISONS DES LÉGUMES

	Juillet	Août	Sept.	Oct.	Nov.	Déc.
Artichaut	X	X	X			
Asperge						
Aubergine	X	X	X			
Betterave				X	X	X
Blette				X	X	X
Brocoli	X	X	X	X	X	
Carotte	X	X	X	X	X	X
Céleri				X	X	X
Champignon de Paris	X	X	X	X	X	X
Chou				X	X	X
Chou de Bruxelles				X	X	X
Chou-fleur		X	X	X	X	X
Concombre	X	X	X			
Courgette	X	X	X			
Cresson			X	X	X	X
Endive				X	X	X
Épinard	X		X	X	X	X
Fenouil	X	X	X	X	X	
Haricot vert	X	X	X			
Laitue	X	X	X			
Mâche				X	X	X
Navet				X	X	X
Oignon	X	X	X	X	X	X
Oseille	X	X	X	X		
Panais			X	X	X	X
Petit pois	X					
Poireau			X	X	X	X
Poivron	X	X	X			
Potimarron			X	X	X	X
Potiron			X	X	X	X
Radis	X					
Salsifis				X	X	X
Tomate	X	X	X			
Topinambour				X	X	X

Source : www.fraichattitude.com

Table des matières

Sommaire..5

Introduction...7

Partie 1 – La soupe, mon alliée minceur................9

Les 8 atouts minceur de la soupe..........................11
   1. La soupe = le cocktail minceur parfait...........11
   2. Le pouvoir coupe-faim des légumes................12
   3. Main basse sur les calories..............................13
   4. Son secret : sa faible densité calorique..........14
   5. Sirotez, éliminez !..15
   6. Le secret de la forme.......................................16
   7. Se régaler sans se lasser !.................................16
   8. Version régime ou famille...............................17

Le programme « Soupes brûle-graisses » : la
méthode...19
   Les légumes brûle-graisses existent-ils ?.............19
   Les objectifs du programme...............................20
   Les 3 grands principes de base............................22
     1. Une soupe midi et soir...................................22

SOUPES BRÛLE-GRAISSES

2. On complète avec des protéines 23
3. Vive le sport ! 24
Une cure de 15 jours 26
Deux grandes phases 26
Quand faire cette « cure » ? 27
Une bonne habitude à conserver 27

Jour 1 à 8 : phase 1 (ou phase d'attaque) 29
Le principe 29
La journée type 30

Jour 8 à 14 : phase 2 (ou phase de stabilisation) .. 35
Le principe 35
La journée type 36

L'après-régime 41
10 bonnes habitudes à conserver 41

Partie 2 – Les ingrédients **43**

Les légumes 45
Bien les choisir et les préparer 45
À chaque légume ses bienfaits minceur 49
Ail 49
Artichaut 50
Asperge 50
Aubergine 51
Betterave 51
Blette 52
Brocoli 52
Carotte 53
Céleri 53
Champignon de Paris 54
Chou 54
Chou-fleur 55
Concombre 56
Courgette 56

206

Cresson 57

Endive 57

Épinard 58

Fenouil 58

Haricot vert 59

Laitue 59

Mâche 60

Navet 60

Oignon 61

Oseille 61

Panais 62

Petit pois 62

Poireau 63

Poivron 63

Potimarron 64

Potiron 64

Radis (fanes) 65

Salsifis 65

Tomate 66

Topinambour 66

Les autres ingrédients 67

Les herbes aromatiques 67

Le plein de bienfaits 67

Bien les choisir 67

Les épices 69

Le plein de bienfaits 69

Bien les doser ! 69

Les petits plus 70

Partie 3 – 100 recettes de soupes **73**

Les soupes d'été 77

Les soupes d'été – Phase 1 79

VELOUTÉ D'ASPERGES AUX COURGETTES 79

207

SOUPE FROIDE DE TOMATES 80

VELOUTÉ D'AUBERGINES GRILLÉES AUX ÉPICES 81

GASPACHO DE CONCOMBRES AUX HERBES ET AU YAOURT 83

VELOUTÉ D'ARTICHAUTS EXPRESS 84

SOUPE TIÈDE DE CONCOMBRES AU CUMIN 85

VELOUTÉ DE POIVRONS ROUGES 86

GASPACHO DE LÉGUMES D'ÉTÉ 87

SOUPE TOMATES-COURGETTES-CURRY 89

SOUPE DE HARICOTS VERTS AUX HERBES 91

SOUPE AUX CHOUX NOUVEAUX 92

POTAGE DE LÉGUMES PROVENÇAUX 93

VELOUTÉ D'ASPERGES VERTES À LA CORIANDRE FRAÎCHE 95

SOUPE FENOUIL-COURGETTES 96

SOUPE CHINOISE AUX LÉGUMES CROQUANTS 97

VELOUTÉ D'ASPERGES BLANCHES 99

VELOUTÉ DE COURGETTES À L'AIL 100

POTAGE TOUT VERT 101

VELOUTÉ GLACÉ DE CONCOMBRES À LA MENTHE 102

SOUPE COURGETTES-CAROTTES-BROCOLIS 103

VELOUTÉ FROID DE CAROTTES AU CUMIN 105

VELOUTÉ FRAIS DE BROCOLI AU BASILIC 106

SOUPE AUX LÉGUMES AL DENTE 107

VELOUTÉ FENOUIL-CAROTTES 109

CRÈME DE CHOU-FLEUR FROIDE 110

SOUPE PAYSANNE AU FENOUIL ET BROCOLI 111

SOUPE FROIDE DE LÉGUMES, SANS CUISSON 113

VELOUTÉ OSEILLE-ÉPINARDS 114

SOUPE DE TOMATES AUX DÉS DE POIVRON ROUGE 115

VELOUTÉ DE CAROTTES À LA CORIANDRE FRAÎCHE 117

BOUILLON DE LÉGUMES D'ÉTÉ 118

POTAGE FENOUIL-POIVRON 119

Les soupes d'été – Phase 2 120

POTAGE PROVENÇAL AU FENOUIL 120

VELOUTÉ GLACÉ DE PETITS POIS À LA MENTHE 121

POTAGE DE LENTILLES AUX COURGETTES 123

VELOUTÉ DE FANES DE RADIS AU BASILIC 124

SOUPE DE LÉGUMES NOUVEAUX 125

SOUPE DE PETITS POIS 126

VELOUTÉ D'ÉPINARDS AU CURRY 127

VELOUTÉ DE LAITUE AUX HERBES D'ÉTÉ 128

SOUPE DE POIS CHICHES AUX CAROTTES ET ÉPINARDS 129

SOUPE AUX HARICOTS PLATS 130

VELOUTÉ DE COURGETTES ET QUINOA 131

VELOUTÉ DE FENOUIL 132

SOUPE DE HARICOTS VERTS ET PETITS POIS 133

VELOUTÉ DE LAITUE 134

SOUPE ITALIENNE 135

SOUPE MANGE-TOUT 137

POTAGE DE LÉGUMES AU TAPIOCA 138

Les soupes d'hiver 139

Les soupes d'hiver – Phase 1 141

SOUPE DE POIREAUX 141

SOUPE DE POTIRON 142

SOUPE DE NAVETS AU CURRY 143

VELOUTÉ DE BETTERAVES ET TOMATES 144

SOUPE CHOU-CAROTTES 145

SOUPE DE LÉGUMES ANCIENS 146

SOUPE DE CAROTTES ET ENDIVES AU CUMIN 147

VELOUTÉ DE SALSIFIS 148

VELOUTÉ DE POTIMARRON À L'AIL ET AU ROMARIN 149

BOUILLON FAÇON JULIENNE 150

SOUPE 3 C (CAROTTES-CHOU-FLEUR-CUMIN) 151

SOUPE POTIRON-PANAIS 152

BOUILLON FAÇON POT-AU-FEU 153

VELOUTÉ DE TOPINAMBOURS 154

VELOUTÉ DE MÂCHE AUX CHAMPIGNONS 155

SOUPE CAROTTES-PANAIS 157

SOUPES BRÛLE-GRAISSES

SOUPE DE NAVETS ET SALSIFIS 158
VELOUTÉ DE BUTTERNUT 159
SOUPE PANAIS-POIREAUX 160
VELOUTÉ DE COURGE MUSCADE À LA MOUTARDE 161
SOUPE DE CÉLERI AU CURCUMA 162
SOUPE ENDIVES-CHAMPIGNONS 163
VELOUTÉ DE CAROTTES À L'ORANGE 165
BOUILLON DE LÉGUMES AU CITRON VERT 166
SOUPE DE COURGE AUX POIREAUX 167
BOUILLON DE LÉGUMES AU PAKSOI 169
POTAGE AU CHOU ET AUX POIREAUX 171
VELOUTÉ DE POIREAUX AUX CHAMPIGNONS 172
SOUPE AUX TROIS CHOUX 173

Les soupes d'hiver – Phase 2 174

SOUPE AUX 6 LÉGUMES 174
SOUPE POIREAUX-OSEILLE 175
VELOUTÉ DE CHOUX DE BRUXELLES 176
VELOUTÉ D'ENDIVES 177
SOUPE DE BLETTES 178
MINESTRONE LIGHT 179
SOUPE AU CHOU ET VERMICELLES 181
VELOUTÉ DE POTIRON AUX FLOCONS DE QUINOA 182
VELOUTÉ D'ARTICHAUT AUX LENTILLES 183
SOUPE DU POTAGER 185
SOUPE AU CHOU BLANC 186
SOUPE DE LÉGUMES AUX HARICOTS BLANCS 187
SOUPE DE MÂCHE 189
VELOUTÉ DE CHOU-FLEUR À LA MUSCADE 190
VELOUTÉ DE CÉLERI 191
SOUPE DE LÉGUMES AU QUINOA 192
VELOUTÉ DE LÉGUMES VERTS 193
SOUPE DE CHOUX DE BRUXELLES ET FÈVES 194

TABLE DES MATIÈRES

VELOUTÉ DE CRESSON 195
SOUPE DE LÉGUMES RACINES 196

Les bouillons 197

BOUILLON DE LÉGUMES 198
BOUILLON DE VOLAILLE 199

Annexe – Les meilleures saisons des légumes 201

Du même auteur, aux éditions Leduc.s

Yaourts inratables

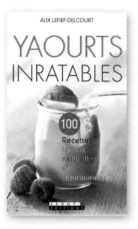

Et si vous vous preniez au jeu des yaourts faits maison ?

Faire vos propres yaourts va devenir un véritable jeu d'enfant ! Sains, naturels, bon marché et tellement meilleurs, vos yaourts sont inratables grâce à ce livre. C'est sûr, vous allez faire plaisir à toute la famille !

Dans ce livre :

– Avec ou sans yaourtière, toutes les techniques et les conseils pour tout bien faire du premier coup !

– Tous les ingrédients possibles, des plus évidents aux plus originaux pour varier les plaisirs : lait de vache ou de soja, huiles essentielles, biscuits, épices…

– Vos yaourts sont trop liquides ? À chaque problème, sa solution ! Vos yaourts vont être parfaits !

– Et bien sûr, 100 recettes pour toutes les envies !

Prix : 6 euros
Format : 11 × 17,8 cm
Pages : 192
ISBN : 978-2-84899-362-1

Découvrez aussi, aux éditions Leduc.s

Brûle-graisses

Anne Dufour et Carole Garnier

Préface de Raphaël Gruman, nutritionniste

Fini les régimes brûle-graisses déséquilibrés ! Dans le meilleur des cas, on perdait des kilos – de muscles et d'eau – pour récupérer à toute vitesse l'équivalent... en graisse lors de la reprise d'une alimentation normale. C'est la préhistoire du brûle-graisses.

Avec ce programme en 30 jours, mangez équilibré et suffisamment. Et seulement de vrais aliments (pas de sachets de protéines !).

Ce guide « coach » vous prend en charge du matin au soir avec des **menus express simples** et de nombreux conseils pour vous motiver à brûler des calories. **Bref, on est dans la vraie vie… et ça marche !**

Prix : 16,50 euros
Format : 16 × 22,5 cm
Pages : 256
ISBN : 978-2-84899-521-2

Vous voudriez recevoir notre catalogue par la Poste ? On vous l'enverra avec grand plaisir. Il vous suffit de photocopier, recopier ou découper ce formulaire et nous le retourner complété à :

Éditions Leduc.s, 17 rue du Regard, 75006 Paris

NOM : ....
PRÉNOM : ....
ADRESSE : ....
....
CODE POSTAL : ....
VILLE : .... PAYS : ....

Si vous souhaitez être tenu au courant de nos publications et de l'actualité de nos auteurs, et/ou recevoir notre catalogue au format PDF, complétez les champs ci-dessous :

E-MAIL : .... @ ....

Nous souhaiterions mieux vous connaître :

Quelle est votre ANNÉE DE NAISSANCE : ....
et votre PROFESSION : ....

Magasin dans lequel vous avez acheté *Soupes brûle-graisses* :

....

Nous sommes à votre écoute : faites-nous part de toutes vos suggestions et votre avis sur le livre que vous venez de lire :

....
....
....
....

À .... LE ....

MERCI ET À BIENTÔT !

Vous pouvez aussi répondre au formulaire disponible sur Internet : **www.editionsleduc.com** ou prendre contact avec notre service client à **info@editionsleduc.com**.

Achevé d'imprimer par
BlackPrint CPI Ibérica
Sant Andreu de la Barca (08740)

Dépôt légal : mai 2010